Teacher's Edition

HOLT SPANISH 2

¡Exprésate!

Cuaderno para hispanohablantes

D1121136

HOLT, RINEHART AND WINSTON

A Harcourt Education Company

Orlando • **Austin** • New York • San Diego • Toronto • London

Author of Lecturas
Sylvia Madrigal Velasco

Photography Credits

Abbreviations used: (t) top, (b) bottom, (c) center, (l) left, (r) right

11 Don Couch/HRW (l); Don Couch/HRW (m); Don Couch/HRW (l); ©Royalty-Free/CORBIS; **23** Don Couch/HRW; **33** Victoria Smith/HRW; **45** Sam Dudgeon/HRW; **57** Bob Daemmrich/The Image Works, Inc.; **69** © Jason P. Howe/South American Pictures; **71** Don Couch/HRW Photo, (l); Don Couch/HRW Photo. (m); Alvaro Ortiz/HRW Photo, (r); **81** William Koechling/HRW; **83** John Langford/HRW Photo (l); John Langford/HRW Photo (m); John Langford/HRW Photo (r); **93** © Bob Daemmrich Photo, Inc.; **105** © Buddy Mays/CORBIS; **117** © Josiah Davidson/Josiah Davidson Scenic Photography(t); Don Couch/HRW Photo (b); **119** Don Couch/HRW Photo, (1); Don Couch/HRW Photo; Don Couch/HRW Photo; Don Couch/HRW Photo, (r)

Illustration Credits

CHAPTER THREE: PAGES 26, 27, 28, 29, EDSON CAMPOS; CHAPTER FOUR: PAGES 38, 39, 40, 41, EDSON CAMPOS; CHAPTER FIVE: PAGES 50, 51, 52, 53, EDSON CAMPOS; CHAPTER SIX: PAGE 61 Photodisc/gettyimages; PAGES 62, 63, 64, 65, EDSON CAMPOS; PAGE 68 Victoria Smith/HRW; CHAPTER SEVEN: PAGES 74, 75, 76, 77, EDSON CAMPOS; CHAPTER EIGHT: PAGES 86, 87, 88, 89, EDSON CAMPOS; CHAPTER NINE: PAGES 98, 99, 100, 101; CHAPTER 10: PAGES 110, 111, 112, 113, EDSON CAMPOS

Printed in the United States of America

ISBN 0-03-074543-8

1 2 3 4 5 6 7   170   06 05 04

Contenido

Capítulo 6

Capítulo 7

Capítulo 8

Capítulo 9

Capítulo 10

If you are reading this, you are a teacher of Spanish as a foreign language and have in your classroom one or more students who are "heritage learners" of the language. As you know, a vast range of linguistic competencies exists within the group called "heritage learners." In addition, there are differences in ethnic and cultural background, nationality, length of residency in the United States, degree of formal schooling in Spanish, and amount of exposure to the Spanish language at home or in public settings.

What are you supposed to do? You want to maximize the heritage learner's potential in the study of Spanish, but the demands of the foreign language classroom don't allow for that kind of tailored instruction. Depending on your individual situation, you have a variety of choices.

If the population of heritage learners in your school is large enough, it would be important to institute a complete, articulated Native Speaker course using a program such as Holt, Rinehart & Winston's *Nuevas vistas.* However, if your population and budgets do not warrant this route, then it becomes critical that you formulate a plan to address the specific needs of the heritage learners who are grouped with non-native speakers in your foreign language classroom.

The *¡Exprésate!* program offers a series of two **Cuadernos para hispanohablantes,** one to accompany each of its first two levels. In these **Cuadernos,** you will find a variety of material that you can use as language-building supplements for the heritage learner.

The first two chapters of each **Cuaderno** are entitled *"Las bases del español".* These two chapters contain grammar explanations and activities exclusively. They can serve as "review", "refresher" or "reinforcement" for the heritage learner in your classroom.

The most important thing when working with heritage learners is to get and hold their interest. In this vein, the **Cuadernos** for Levels One and Two contain novellas that were written specifically to target the interest and motivation of Latino teenagers in an American setting. (In the **Cuaderno** for Level One, the novella is contained in Chapters 5-10, and in Level Two it is contained in Chapters 3-10.) Each chapter is told from the point of view of a different character. This technique highlights the trials and tribulations of each of the teens in a way that is filled with humor and angst. It also forces heritage learners to develop their critical-thinking skills. As in life, every person has a different version of the same story, and the student, as reader, must form his or her own opinion of what actually happened.

You may want to go through the **Cuadernos** to decide which sections will work best for which students at what point in your regular lesson. The **Antes de leer** sections provide reading strategies; the **Vocabulario** sections focus on different aspects of

To The Teacher

word-building; the **¿Qué piensas tú?** sections debrief the students on their personal opinions about what happened in the novella; the **Ortografía** sections focus on tips, clues and advice about potential pitfalls in spelling; the **Gramática** sections focus or expand on grammar topics that heritage learners might need to work on; the **Vamos a escribir** sections provide writing assignments so that the heritage learner can practice writing essays and compositions; and **La vida profesional** sections provide a taste of Spanish in the workplace.

The **GeoVisión** and **VideoCultura** worksheets at the end of each chapter are similar to, but, in some cases, offer more advanced activities than the ones provided in your *¡Exprésate!* **Video Guide** for your non-native speakers. Showing the video and doing the worksheets would be a good time to reunite heritage learners with their fellow classmates, and have them act as group leaders or culture consultants.

Your work as a Spanish teacher is difficult and in many cases, underappreciated. Your heritage learners can be a source of inspiration and assistance in your classroom! Hopefully, these **Cuadernos** can help you guide them to a renewed love and pride in their language.

Sinceramente y con mucho cariño y respeto,

Sylvia Madrigal Velasco

Querido y querida estudiante:

Hace muchos años, en la escuela secundaria, yo estudié español en una clase de español para extranjeros parecida a la clase en que tú te encuentras ahora. Vivía en un pueblito en la frontera entre Texas y México. Como mis padres eran de México, el idioma de la casa era el español. Sin embargo, toda mi educación formal se realizó en inglés. Aunque mis padres se habían educado a altos niveles en su lengua nativa, por alguna razón no se encontraban muchos libros en español por la casa. Mis hermanos y yo leíamos historietas (para nosotros eran "monitos") que comprábamos en Matamoros cada fin de semana. Con relativa frecuencia, viajábamos a México a visitar a parientes. Toda nuestra comunicación con nuestra abuela, nuestros padrinos, nuestros tíos, tías y primos, y todos los vecinos, ocurría completamente en español. Sin embargo, dominar el inglés era lo que más nos importaba. Por eso nuestros estudios del español escrito fueron mínimos.

La situación se me complicó en la clase de español. Entendía por completo y me comunicaba en español con fluidez, pero no sabía nada de las reglas de la gramática o la puntuación oficial. Nunca había leído trozos literarios, ni tampoco había escrito ensayos o composiciones formales en español. Aun así, mi dominio de la lengua superaba al de mis compañeros de clase. Los libros de texto que les servían a ellos, para mí eran demasiado fáciles. A menudo me aburría.

¡No tenía ni la menor idea de lo afortunada que era! Había heredado, dentro de mi propio corazón y cerebro, con poco esfuerzo de mi parte, ¡una lengua bellísima! ¡Una lengua que puede reclamar como suya la primera novela! Una lengua llena de ritmo, humor y poesía. Una lengua que hoy día se ha transformado en una fuerza potente dentro de la economía global.

A través de los años he aprendido otra verdad: como cualquier cosa que vale la pena poseer, la lengua nativa no se puede abandonar. Se tiene que cuidar, fomentar, usar con mucha ternura y frecuencia. Si no se cuida, pronto se transformará en un jardín lleno de malas hierbas. ¡Un jardín en el cual nunca se te ocurriría dar una fiesta!

Tú también tienes dentro de tu corazón esta lengua preciosa. ¡Disfruta de ella! Busca cosas para leer en español que sean divertidas. Alquila videos de México, España, Argentina, Cuba. Hay libros y películas en español que te harán llorar y reír como jamás en tu vida te hayas llorado y reído. Búscalos. Primero, enamórate de tu lengua. Luego trabaja para conseguir una maestría sobre sus aspectos más difíciles.

Dale al español lo mejor de tu corazón y tu mente, y te devolverá un universo lleno de alegría. Ojalá este **Cuaderno para hispanohablantes** será para ti un punto de partida.

Sinceramente y con mucho cariño y respeto,

Sylvia Madrigal Velasco

Para el estudiante

Notas sobre los Capítulos:

Capítulos 1 y **2** son ejercicios gramaticales que te ayudarán captar las bases del español. ¡No te desanimes! Haz todos los ejercicios uno por uno con mucha paciencia, y con tiempo verás que valió el esfuerzo.

En **Capítulos 3** a **10,** encontrarás las siguientes secciones:

Antes de leer: En esta sección, se te presentarán unas estrategias para leer que te ayudarán comprender las **Lecturas** de cada capítulo.

Vocabulario: En esta sección, vas a ampliar tu vocabulario a través de actividades que te ayudan analizar los componentes individuales de las palabras.

Lecturas: Las **Lecturas** para los **Capítulos 3** a **10** cuentan la historia de unos jóvenes latinos de Texas — cómo se divierten y cómo se meten en líos. Cada capítulo se narra desde el punto de vista de uno de los personajes. Cómo su propósito, estos ocho capítulos tienen solamente la intención de entretenerte. Primero léelos rápidamente para inferir la acción de la historia. Luego vuelve a leerlos con más cuidado para asegurar que no te hayas perdido ninguna de las sutilezas de la acción. Los detalles de la trama están entretejidos de un capítulo al próximo, así que es muy importante saber qué pasó exactamente según el punto de vista de cada personaje para poder entender el siguiente capítulo.

¿Qué piensas tú?: En esta sección puedes explorar tus reacciones y expresar tus opiniones sobre la **Lectura** que acabas de leer.

Ortografía: Aquí vas a aprender métodos para deletrear con más precisión.

Gramática: Aquí vas a trabajar con temas gramaticales que van a mejorar tu expresión escrita en español.

La vida profesional: Esta sección se centra en el mundo del trabajo. ¡Aquí verás cómo puedes usar el español para tener una carrera exitosa!

Vamos a escribir: Aquí vas a escribir un ensayo o una composición sobre un tema relacionado a **La vida profesional.**

Las hojas de práctica **GeoVisión** y **VideoCultura** que se encuentran al final de cada capítulo presuponen que has visto los videos del programa *¡Exprésate!* con el resto de la clase. Puedes completar las secciones **Antes de ver** antes de ver los videos, pero asegúrate que los hayas visto antes de tratar de completar las secciones **Después de ver.**

¡Mucha suerte!
Sylvia Madrigal Velasco

Las bases del español
The basics of the Spanish language

Los *Capítulos 1* y *2* contienen ejercicios gramaticales que te ayudarán captar las bases del español. En los *Capítulos 3* a *10* encontrarás lecturas divertidas y otros tipos de ejercicios que te ayudarán dominar aspectos del español más avanzados.

Los sustantivos *Nouns*

◆ Los **sustantivos** designan personas, lugares, cosas o conceptos, ya sean generales o específicos: *el muchacho, el señor Bueller; la capital, Sacramento; el día, la Navidad*.

◆ Todos los sustantivos en español tienen **género gramatical**; se clasifican como masculinos *(el sol, el pan)* o como femeninos *(la luna, la leche)*. Al referirse a una persona, el género gramatical generalmente corresponde al género natural (la madre, el padre).

◆ Por otro lado, el género de los sustantivos que designan cosas es puramente gramatical y arbitrario. En la mayoría de estos sustantivos, se puede determinar el género según su terminación.

A. Suelen ser masculinos los sustantivos…

1. Que terminan en **-o:** *el libro*. Escribe tres más sustantivos en esta categoría:

   _____

2. Que son compuestos de un verbo más sustantivo: *el lavaplatos*. Escribe tres más sustantivos en esta categoría:

   _____

3. Que terminan en **-aje, -al, -és, -ín** u **-or:** *el paisaje*. (Hay pocas excepciones a esta regla: *la labor, la flor.*) Escribe un sustantivo masculino para cada terminación:

   _____

4. Que terminan en **-ón:** *el avión*. (Las excepciones incluyen *la razón* y todas las palabras que terminan en **-ción** y **-sion:** *la canción, la pensión.*) Escribe tres sustantivos en esta categoría:

   _____

5. De origen griego que terminan en **-ma:** *el problema*. (No todas las palabras que terminan en **-ma** son masculinas: *la cama.*). Escribe tres sustantivos en esta categoría:

   _____

B. Suelen ser femeninos los sustantivos…

1. Que terminan en **-a:** *la lámpara.* (Hay pocas excepciones a esta regla: *día.*) Escribe cinco sustantivos en esta categoría:

   _____

2. Con las terminaciones **-ción, -dad, -ie, -is, -sión, -tad** y **-umbre:** *la nación.* (Pocas palabras masculinas terminan en **-is:** *el paréntesis.*) Escribe un sustantivo femenino para cada terminación en esta categoría:

   _____

 ## Los adjetivos *Adjectives*

◆ El **adjetivo** modifica al sustantivo. Siempre concuerda con el género y el número del sustantivo que modifica: *una señora* **simpática**, *unas películas* **interesantes.**

◆ La mayoría de los adjetivos tienen cuatro formas:

	Masculino		**Femenino**	
Singular	fran**cés**	bue**no**	fran**cesa**	bue**na**
	mand**ón**	conversa**dor**	mand**ona**	conversa**dora**
Plural	fran**ceses**	bue**nos**	fran**cesas**	bue**nas**
	mand**ones**	conversa**dores**	mand**onas**	conversa**doras**

◆ Otros adjetivos sólo tienen dos formas:

	Masculino y Femenino						
Singular	leal	gris	feliz	azteca	fuerte	iraní	cor**tés**
Plural	lea**les**	gri**ses**	feli**ces**	azteca**s**	fuerte**s**	iraní**es**	cor**teses**

◆ El adjetivo puede ir antes o después de un sustantivo. Por lo general sigue al sustantivo para distinguirlo dentro de un grupo: *Pásame ese libro* **blanco.**

◆ Hay unos adjetivos muy comunes que siempre van antes del sustantivo: ***mucha*** *comida;* ***poco*** *dinero;* ***varios*** *problemas;* ***cada*** *vez*

◆ En ciertos casos los adjetivos se colocan antes del sustantivo para referirse a una cualidad inherente del sustantivo: *la* **pura** *agua de esa fuente* (se implica que el agua de esa fuente siempre es pura)

◆ Algunos adjetivos cambian de significado según se coloquen antes o después del sustantivo:

  una **vieja** *amiga mía* (la que uno conoce desde hace mucho tiempo)

  un hombre **viejo** (que tiene muchos años)

  el **pobre** *Juan* (desafortunado, infeliz)

  las familias **pobres** (humildes, que no tienen dinero)

  una **gran** *ciudad* (magnífica, fantástica)

  una ciudad **grande** (muy poblada y de gran tamaño)

A. Completa las oraciones colocando la forma correcta del adjetivo en la posición adecuada.

1. Si vas a París, tienes que ver la _____ catedral _____ de Notre Dame. (famoso)

2. El _____ olor _____ de las rosas se extendió por todo el jardín. (fuerte)

3. Me impresionó el _____ discurso _____ que dio el presidente. (grande)

4. Para mi cumpleaños me hizo una de sus _____ tortas _____ de miel. (rico)

5. La _____ estudiante _____ nos invitó a un café con leche. (alemán)

6. Mis tres perros corrieron a saludarme y los dos _____ perritos _____ se cayeron. (torpe)

7. La _____ reina _____ regaló dinero a las _____ familias _____ . (generoso, pobre)

8. Los _____ reyes _____ fueron muy _____ con los _____ forasteros _____ . (azteca, cortés, español)

9. A Alicia le gusta pasar el rato con las _____ estudiantes _____ (conversador)

B. Escribe un párrafo que describa a varios de tus amigos. Usa ocho de los siguientes adjetivos.

MODELO *¡Pobre Antonio! Siempre se mete en líos cuando trata de …*

entusiasta	aburrido	flojo	egoísta
responsable	aplicado	grande	pobre
ruidoso	paciente	viejo	aventurero

_____

_____

_____

_____

_____

_____

◆ Los adverbios

◆ El **adverbio** modifica a un verbo *(Caminó **deprisa**)*, a un adjetivo *(Es **bastante** joven)* o a otro adverbio *(Se portó **muy** mal)*. Se coloca después de la palabra que modifica cuando ésta es un verbo. Si modifica a un adjetivo o a otro adverbio, entonces se coloca antes.

Hay adverbios…

1. Espaciales: *Ven **aquí**. Ponlo **allí**. Jugaban **afuera**. Están **detrás de** ti.*
2. Temporales: *Me llamó **luego**. La clase empieza **ahora**. La silla está **recién** pintada.*
3. De modo: *Pasó **rápido**. Vino **deprisa**. La cadena estaba **completamente** rota.*
4. De cantidad o grado: *Habla **mucho**. No es **nada** fácil. Hoy se siente **menos** cansado.*

El sufijo –mente

1. Muchos adverbios de modo se forman añadiendo **–mente** a la forma femenina o neutra del adjetivo. Si el adjetivo lleva acento, éste se mantiene cuando se añade **–mente:**
   lento → **lentamente**   *fácil* → **fácilmente**
2. Si hay dos adverbios consecutivos, sólo el último lleva la terminación **–mente** y el primero mantiene la forma femenina o neutra: *Caminaba **lenta** y **cuidadosamente**.*

A. Escribe las siguientes oraciones de nuevo, usando un adverbio para reemplazar la frase subrayada. Usa los adverbios de la lista.

MODELO   Comimos la cena de <u>manera tranquila</u>.
Escribes: Comimos la cena tranquilamente.

directamente	recientemente	apenas	deprisa	a menudo
bajo	primero	lentamente	completamente	últimamente

_____ **1.** Siempre llega tarde porque todo lo hace <u>a paso de tortuga</u>.

_____ **2.** Vino a casa sin <u>parar en ningún lugar</u>.

_____ **3.** Salió de la casa <u>con rapidez.</u>

_____ **4.** Me habló <u>en una voz muy suave</u> para que nadie lo oyera.

_____ **5.** No está <u>del todo</u> bien del estómago.

_____ **6.** Nos hablamos por teléfono <u>casi todos los días</u>.

_____ **7.** <u>En estos días</u> he estado muy cansado.

_____ **8.** <u>Antes de hacer otra cosa,</u> haz tu tarea.

B. En una hoja aparte, escribe oraciones usando los siguientes pares de adverbios.

1. a tiempo/tarde   4. adentro/afuera   6. todavía/ya no

2. bien/mal   5. deprisa/en seguida 7. más/menos

3. directo/luego

◆ Los pronombres de sujeto

◆ Los **pronombres de sujeto** señalan a la persona que realiza la acción del verbo o de la cual se expresa algo:

> *Yo creía que nadie me veía.* (señala a la primera persona)
>
> *Ustedes hacen muy bien en quedarse.* (señala a la segunda persona)
>
> *Ella compartía mis sentimientos.* (señala a la tercera persona)

◆ Los pronombres de sujeto son:

Singular:	**yo**	(primera persona)
	tú, usted	(segunda persona)
	él, ella	(tercera persona)

Plural:	**nosotros(as)**	(primera persona)
	vosotros(as), ustedes	(segunda persona)
	ellos, ellas	(tercera persona)

A. Lee el siguiente diálogo y apunta los pronombres de sujeto que se encuentren en él. Al lado de cada uno escribe el nombre de la persona o el sustantivo a que se refiere, ya sea explícita o implícitamente.

_____**1.** CARLOS: ¿Así que ustedes vieron el accidente?

_____**2.** MÓNICA: Sí, Lorenzo y yo estábamos comprando

_____ boletos cuando oímos la avioneta estrellarse contra

una casa. Estábamos nosotros a sólo 50 metros. Por

suerte, Lorenzo tenía su celular…

_____**3.** CARLOS: ¿Fue él quien hizo la llamada al 911?

_____**4.** MÓNICA: Sí, llamó mientras corría hacia la avioneta.

En ese momento llegaron dos hombres más. Juntos

ellos ayudaron a los pasajeros.

_____**5.** CARLOS: ¿Y qué hiciste tú?

_____**6.** MÓNICA: Me quedé atrás. Yo no soy médico como

Lorenzo.

_____**7.** CARLOS: ¿Hubo heridos?

_____**8.** MÓNICA: Cuatro; todos ellos de esta ciudad.

◆ Los pronombres de complemento directo e indirecto

◆ El **complemento directo** es la persona o cosa que recibe la acción del verbo transitivo. Puede ser reemplazado por un **pronombre de complemento directo.**
> —¿Viste a **Silvia y Toño**?
> —No, no **los** vi en ninguna parte.

◆ Los **complementos directos** son:
> Singular: *me, te lo, la*
> Plural: *nos, os, los, las*

◆ El **complemento indirecto** es la persona o cosa que recibe el complemento directo: *Le envío cartas a **Juan.*** En esta oración, **Juan** es el complemento indirecto y **le** es el **pronombre de complemento indirecto.**

◆ El **complemento indirecto** suele usarse con verbos como **dar, mostrar** y **decir;** y también con verbos de percepción, tales como **parecer, gustar, encantar** e **impresionar:** *Les gustó mucho esa película.*

◆ Los **complementos indirectos** son:
> Singular: *me, te, le* (se)   Plural: *nos, os, les* (se)

◆ En muchos casos, las oraciones que tienen complemento indirecto también tienen complemento directo. Cuando se usan pronombres para referirse a ambos complementos, el pronombre de complemento indirecto va primero, y **le**(**s**) se transforma en **se:** *No **nos lo** lea ahora; **Me las** regalaron; Ya **se lo** diré.*

◆ Cuando uno o más pronombres de complemento directo e indirecto van después de cualquier forma verbal, se unen a ésta. Muchas veces la unidad que resulta lleva acento ortográfico, pero no siempre: *Quiero regalár**telo**; Quiero ayudar**te**.*

A. Contesta las preguntas usando pronombres y siguiendo las indicaciones que están entre paréntesis.

MODELO   ¿Le compro la revista a Pilar? (sí)
Escribes: *Sí, cómprasela.*

1. ¿Ya le devolviste el abrelatas a doña Marta? (sí)

_____

2. ¿Cuándo le regalaste esa sortija? (hace dos años)

_____

3. ¿Vas a enviarnos las fotos? (no)

_____

4. ¿Te dio Carmen esta novela? (sí)

_____

5. ¿Sigue Ricardo leyéndoles fábulas a los niños? (sí)

_____

6. ¿Te quito esta cobija? (no)

_____

7. ¿Saben Uds. quién les robó el carro? (sí)

_____

B. Combina los elementos en una oración, escribiendo los pronombres juntos
o por separado, según sea el caso.

> **Modelo**   diga / se / lo / a ella
> *Escribes: Dígaselo a ella.*

1. quiero / pedir / te / un / favor

_____

2. no / se / lo / des / a / Manuel

_____

3. sigue / escribiendo / le / cartas / de / amor

_____

4. no / se / lo / digas / a / David

_____

5. Tomás / va / a / contar / te / lo

_____

6. compra / nos / lo / hoy

_____

7. si / no / te / lo / manda / avisa / me

_____

El tiempo presente

- El **tiempo presente** se usa para…
    1. Hablar de una acción que sucede en el momento inmediato o en la época
       en que se habla:
       *Ahora **tengo** hambre. Elisa **toma** clases de baile.*
    2. Referirse a una acción habitual que se repite:
       *Ellos **van** al cine a diario.*
    3. Referirse a una acción en un futuro próximo:
       *Te **recojo** a las ocho.*
    4. Hablar de una acción que comenzó en el pasado y aún continúa:
       ***Estudia** alemán desde hace tres años.*

◆ Los verbos en *-ar, -er* e *-ir*

◆ Los **verbos regulares** que terminan en **-ar, -er** e **-ir** se conjugan de la siguiente manera en el presente del indicativo.

     -ar: habl**o**, habl**as**, habl**a**, habl**amos**, habl**áis**, habl**an**

     -er: com**o**, com**es**, com**e**, com**emos**, com**éis**, com**en**

     -ir: viv**o**, viv**es**, viv**e**, viv**imos**, viv**ís**, viv**en**

A. Completa el siguiente e-mail con las formas correctas de los verbos entre paréntesis.

¿**(1)** (Tú) _____ (vivir) en San Antonio? Yo **(2)** _____ (vivir) en Nueva York. Todos los días mis compañeros y yo **(3)** _____ (comer) en una pizzería que está en la esquina del colegio. A menudo me **(4)** _____ (levantar) tarde y **(5)** _____ (llegar) tarde a la estación de autobuses. Si me pasa, **(6)** _____ (correr) lo más rápido posible para tomar el metro y no llegar tarde a clase. A mi hermana le gusta patinar sobre hielo. En los inviernos, ella **(7)** _____ (patinar) casi todos los fines de semana en la pista de Rockefeller. Mi hermana **(8)** _____ (tomar) clases de patinaje desde hace tres años. Los fines de semana, yo **(9)** _____ (trabajar) en una tienda de videos. Cuando no hay mucha gente, les **(10)** _____ (escribir) e-mails a mis mejores amigos. Mis padres **(11)** _____ (trabajar) en Manhattan. Ellos **(12)** _____ (ir) al centro de la ciudad a diario. **(13)** _____ (regresar) a casa muy cansados, y juntos **(14)** _____ (preparar) la cena. ¿Cómo **(15)** _____ (pasar) los días tú?

B. Escribe un párrafo que describa un día típico en tu vida. Menciona lo que tú y tus amigos hacen en el colegio, qué pasa después de las clases y lo que haces al llegar a casa. Usa por lo menos diez verbos en el tiempo presente.

    Modelo *Un día típico para mi empieza así: Primero…*

_____

_____

_____

_____

_____

_____

_____

◆ Los verbos con cambios en la raíz

◆ Los **verbos que cambian en la raíz** se conjugan de la siguiente manera en el tiempo presente del indicativo:

e → i: pido, pides, pide, pedimos, pedís, piden

u → ue: juego, juegas, juega, jugamos, jugáis, juegan

e → ie: pienso, piensas, piensa, pensamos, pensáis, piensan

o → ue: puedo, puedes, puede, podemos, podéis, pueden

A. Juan le explica a un estudiante nuevo cómo es el almuerzo en su escuela. Completa sus oraciones.

—Bueno, el almuerzo (**1**)_____ (empezar) a las doce. La comida

que (**2**)_____ (servir) la cafetería no está mal, pero yo

(**3**)_____ (preferir) llevar un sándwich y unas frutas de la casa.

Hoy si tú (**4**)_____ (querer) y si no (**5**)_____ (llover) tú

y yo (**6**)_____ (poder) comer en las mesas de afuera. Tengo unos

amigos que siempre (**7**)_____ (jugar) al baloncesto después del almuerzo.

¿Qué te parece si tú y yo (**8**)_____ (jugar) con ellos? ¿Está bien?

B. Completa las oraciones con la forma correcta del verbo entre paréntesis.

1. ¿ _____ que es importante hacer la tarea a tiempo? (pensar: tú)

2. ¿A qué hora _____ tu hermano? (despertar: tu hermano)

3. No _____ la explicación del subjuntivo. (entender: yo)

4. Siempre _____ tiempo después del colegio. (perder: nosotros)

5. Miguel _____ con su novia en la cafetería todos los días.

   (encontrarse: Miguel)

6. ¿ _____ los boletos o no? (devolver: nosotros)

7. No _____ resolver este problema de geometría. (poder: yo)

8. ¿Ustedes _____ al colegio para el baile esta noche? (volver: ustedes)

9. ¿Les _____ permiso a sus padres? (pedir: ustedes)

10. Les _____ que no lleguen tarde. (advertir: yo)

11. Mis hermanitos _____ tarde los sábados. (dormir: mis hermanitos)

12. _____ con mi intención de terminar el proyecto hoy. (seguir: yo)

13. ¿Qué _____ en la cafetería hoy? (servir: ellos)

◆ El imperfecto y el pretérito

◆ Tanto el **imperfecto** como el **pretérito** se usan para expresar el pasado. El pretérito y el imperfecto se alternan según los contextos en que aparece el verbo.

> **Tomó** el avión a las tres.   Todos los días **tomaba** el metro para ir a clases.
> **Vivió** cinco meses en Nueva York.   **Vivía** en Nueva York y trabajaba en un banco.

◆ El pretérito y el imperfecto se pueden combinar en una oración que contiene dos o más verbos. El préterito enfatiza el punto inicial o el punto final de una acción, o la presenta como una totalidad completa. El imperfecto enfatiza el desarrollo o la duración de la acción. La combinación de pretérito e imperfecto se da frecuentemente en los siguientes casos:

1. Para contrastar una acción en desarrollo con otra que la interrumpe:
   > Todos **dormían** cuando los **despertó** la alarma.
2. Para explicar por qué alguien hizo o no hizo algo:
   > **Pensaba** asistir, pero **estaba** muy cansada y por eso no **fui**.
3. Para informar acerca de un estado o acción. Se usa el pretérito para referirse al acto de informar. Si la acción o estado es simultáneo con la acción de informar, se usa el imperfecto. Si la acción o estado es previo, se usa el pretérito.
   > **Me dijo** que se **sentía** muy mal. (estaba enfermo cuando me lo dijo)
   > **Me dijo** que se **sintió** muy mal. (cuando me lo dijo ya no se sentía mal)

A. Lee lo que escribió Rosario. Subraya la forma apropiada del verbo para completar su cuento.

Cuando (vivía/viví) con mis tíos en Veracruz, (íbamos/fuimos) al centro todos los fines de semana. Una vez que (íbamos/fuimos) al centro, (nos reuníamos/nos reunimos) en un café. Ese día (hacía/hizo) mucho sol así que (decidíamos/decidimos) tomar el café afuera. Mientras (hablábamos/hablamos), pasó un hombre por nuestra mesa. (Era/Fue) un hombre muy alto y guapo. (Llevaba/Llevó) una cámara. Nosotros le (dábamos/dimos) un vistazo y de repente (sacaba/sacó) una foto. Entonces el hombre se (iba/fue) corriendo. Al día siguiente (veíamos/vimos) nuestra foto en el periódico. Debajo de la foto (decía/dijo) «Julieta, la superestrella del cine, visita México con su familia.»

B. Escribe un párrafo sobre un evento importante de tu vida. Incluye datos tales como qué edad tenías, la hora del día, qué tiempo hacía, qué pasó exactamente, y qué hacían las personas involucradas. Usa por lo menos ocho verbos diferentes en el pretérito o imperfecto.

_____

_____

_____

_____

_____

Nombre _____ Clase _____ Fecha _____

GeoVisión *Ciudad de México*

Antes de ver

A. ¿Qué sabes de la Ciudad de México? ¿Reconoces los edificios en las fotos? Primero, identifica qué tipo de edificio es: iglesia, escuela, museo, teatro, palacio, o biblioteca. Luego, escribe una oración descriptiva sobre cada edificio. Consulta una enciclopedia si te hace falta.

1.

2.

3.

1. _____

2. _____

3. _____

Después de ver

B. Ahora, identifica cada edificio con su nombre oficial. Escribe los nombres en los espacios en blanco a continuación.

| Catedral Metropolitana | Palacio Nacional | Museo Nacional de Antropología |
| Palacio de Bellas Artes | Universidad Autónoma Nacional de México | Templo Mayor |

1._____   3._____

2._____

C. Empareja cada lugar con su descripción a la derecha.

_____1. Xochimilco   a. Es la universidad más grande de América Latina.

_____2. Palacio Nacional   b. La Catedral Metropolitana está aquí.

_____3. Plaza de la Constitución   c. Fue el centro religioso del imperio azteca.

_____4. Ciudad de México   d. Es una zona turística que tiene canales de agua.

_____5. Templo Mayor   e. Es la capital de México.

_____6. Catedral Metropolitana   f. El Presidente trabaja aquí.

_____7. UNAM   g. Hernán Cortés empezó a construirla en 1524.

Capítulo 1

Antes de ver

A. ¿Qué idiomas se enseñan en tu colegio? ¿Crees que es importante aprender varios idiomas? Explica tu respuesta.

_____

_____

_____

_____

Después de ver

B. Contesta las siguientes preguntas sobre los entrevistados.

____1. ¿Por qué estudia Alejandro el portugués?
  a. Porque su novia es de Brasil.
  b. Porque hay mucho turismo en México.
  c. Porque necesita ese idioma para estar en su país.

____2. ¿Por qué dice Fabiola que es importante saber varios idiomas?
  a. Porque el español es un idioma muy importante.
  b. Porque abren las puertas para conseguir trabajo.
  c. Porque es bueno hablar con gente en su idioma.

____3. ¿Qué idiomas aprende Judith?
  a. el francés y el italiano
  b. el portugués y el francés
  c. el inglés como segundo idioma

____4. ¿Por qué estudia Judith esos idiomas?
  a. Porque estudia turismo.
  b. Porque son idiomas muy importantes.
  c. Porque le interesa aprender sobre estas culturas.

C. En la lista a continuación, pon una ✓ junto a los consejos que te dieron los entrevistados.

_____ Estudia mucho el español porque es un idioma muy importante.

_____ Aprende este idioma para que conozcas una nueva cultura.

_____ Vive con una familia mexicana para aprender el idioma bien.

_____ No te preocupes si no hablas con el acento perfecto.

Las bases del español
The basics of the Spanish language

 El subjuntivo

◆ Las conjugaciones del **presente del subjuntivo** de los verbos regulares son las siguientes:

-ar: trabaj**e**, trabaj**es**, trabaj**e**, trabaj**emos**, trabaj**éis**, trabaj**en**

-er: com**a**, com**as**, com**a**, com**amos**, com**áis**, com**an**

-ir: viv**a**, viv**as**, viv**a**, viv**amos**, viv**áis**, viv**an**

◆ Los verbos que terminan en **-ar** o **-er** con un cambio entre las vocales de la raíz siguen el mismo patrón que en el presente del indicativo:

pen**sar:** **pie**nse, **pie**nses, **pie**nse, pensemos, penséis, **pie**nsen

po**der:** **pue**do, **pue**das, **pue**da, p**o**damos, p**o**dáis, **pue**dan

◆ Los verbos que terminan en **-ir** con un cambio entre las vocales de la raíz mantienen el cambio en todas las personas de la conjugación:

pe**dir:** **pi**da, **pi**das, **pi**da, **pi**damos, **pi**dáis, **pi**dan

◆ Si la primera persona singular del presente del indicativo es irregular, la misma irregularidad ocurre en el presente del subjuntivo:

conocer: conozca, conozcas…	**hacer:** haga, hagas…	**traer:** traiga, traigas…
decir: diga, digas…	**salir:** salga, salgas…	**venir:** venga, vengas…

◆ Hay seis verbos irregulares o con cambios ortográficos en el presente del subjuntivo:

dar   (dé, dés, dé, demos, deis, den)

estar   (esté estés, esté, estemos, estéis, estén)

haber   (haya, hayas, haya, hayamos, hayáis, hayan)

ir   (vaya, vayas, vaya, vayamos, vayáis, vayan)

saber   (sepa, sepas, sepa, sepamos, sepáis, sepan)

ser   (sea, seas, sea, seamos, seáis, sean)

A. Anita está hablando con Pedro acerca de una fiesta para su amigo Felipe. Completa sus oraciones con la forma correcta del subjuntivo del verbo entre paréntesis.

1. Quiero que todos _____ (llegar) antes de las ocho.

2. Ojalá que Felipe _____(divertirse) en la fiesta.

3. Espero que nosotros _____(tener) suficiente comida.

4. Pedro, necesito que _____ (traer) tus mejores discos compactos.

5. Mis padres quieren que yo _____ (descansar) un poco antes de la fiesta.

B. Lidia y Carmen hablan de un viaje a la playa. Completa las siguientes oraciones con la forma correcta del subjuntivo de **dar, estar, ir, haber, saber** o **ser.**

1. Emilia quiere que yo _____ con ella al concierto.

2. Ojalá que la playa no _____ lejos de aquí.

3. Espero que _____ un televisor en el cuarto del hotel.

4. Andrés quiere que nosotros le _____ dinero para comprar comida.

5. Espero que los muchachos _____ llegar a la playa.

6. No conozco esta playa. Ojalá que _____ bonita.

C. Nunca crees lo que dice tu hermana. Responde a sus ideas con una de las expresiones de duda, posibilidad o imposibilidad del cuadro.

no puedo creer que	es fácil que	no estoy seguro(a) que
es imposible que	dudo que	a lo mejor

1. Perú es más grande que Brasil.

_____

_____

2. Los niños pueden ver contenido violento en la televisión sin efectos negativos.

_____

_____

3. Todos los estudiantes de la universidad tienen su propia computadora.

_____

_____

4. Muchos jóvenes pasan demasiado tiempo jugando a videojuegos.

_____

_____

5. Hay seres vivos en la Luna.

_____

_____

El imperfecto del subjuntivo

◆ En el pasado, el subjuntivo se usa en los mismos contextos que en el presente. En algunos casos que exigen el subjuntivo en el pasado, se usa el **imperfecto del subjuntivo:**

   Te traje mis fotos del viaje para que las **vieras.**

◆ Para formar el imperfecto del subjuntivo, se toma como base la tercera persona plural del pretérito. Se le quita la terminación **-ron** y se le añaden las siguientes terminaciones:

   comprar → compra**ron**   comer → comie**ron**   asistir → asistie**ron**

Singular			
yo	compra**ra**	comie**ra**	asistie**ra**
tú	compra**ras**	comie**ras**	asisitie**ras**
usted, él, ella	compra**ra**	comie**ra**	asistie**ra**
Plural			
nosotros(as)	comprá**ramos**	comié**ramos**	asistié**ramos**
vosotros(as)	compra**rais**	comie**rais**	asistie**rais**
ustedes, ellos(as)	compra**ran**	comie**ran**	asistie**ran**

◆ Si la tercera persona plural del pretérito es irregular o si tiene un cambio de raíz, la misma irregularidad o cambio ocurre en el imperfecto del subjuntivo:

   creyeron: *creyera, creyeras…*   **estuvieron:** *estuviera, estuvieras…*
   pudieron: *pudiera, pudieras…*   **dieron:** *diera, dieras…*
   fueron: *fuera, fueras…*   **supieron:** *supiera, supieras…*
   dijeron: *dijera, dijeras…*   **hicieron:** *hiciera, hicieras…*
   durmieron: *durmiera, durmieras*   **pidieron:** *pidiera, pidieras…*

A. Subraya la forma correcta del verbo entre paréntesis para completar las oraciones.

   1. Alejandra nos pide que le (enseñemos/enseñáramos) las fotos de la fiesta.

   2. Daniel siempre me acompañaba al cine, con tal que yo (pague/pagara) las entradas.

   3. Pasé por el banco ayer para que me (den/dieran) mi nueva tarjeta.

   4. Los estudiantes entran al salón antes de que (suene/sonara) la campana.

   5. La veterinaria dudaba que Fito (salga/saliera) de la clínica antes del viernes.

   6. Esa tarde, mamá me dijo que (vaya/fuera) a ayudar a mis tíos con la mudanza.

   7. Cuando éramos niños, podíamos ir al río a nadar con tal que nuestros padres nos (acompañen/acompañaran).

   8. Raúl quiere que (compremos/compráramos) una nueva computadora.

B. Todos los años la familia de Jorge hace una gran fiesta para celebrar el aniversario de bodas de sus abuelos. Completa las oraciones con el imperfecto del subjuntivo del verbo subrayado.

1. El año pasado la fiesta <u>fue</u> en casa de mis tíos. Este año pensamos que sería mejor si _____ en un hotel.

2. El sábado <u>salieron</u> todos mis amigos. Querían que _____ con ellos pero no pude, porque tuve que ayudar con los preparativos.

3. Mis padres le <u>compraron</u> un regalo a mi abuela y nos pidieron a mis hermanos y a mí que le _____ uno a mi abuelo.

4. El año pasado <u>invitamos</u> a más de cien personas. Este año papá dijo que _____ a toda la familia, incluso a los parientes de Nueva York y Miami.

5. No creímos que todos _____, a pesar de que el año pasado sí <u>vinieron</u> casi todos los invitados.

6. En la fiesta <u>tocaron</u> unos músicos amigos de mi papá. Mi abuelo les pidió que _____ «El camino de la vida» mientras bailaba con mi abuela.

7. Mamá y la tía Margarita querían que se _____ los mismos platos que se <u>sirvieron</u> en la boda de mis abuelos.

8. Todos se <u>pusieron</u> muy elegantes. Mamá insistió en que nos _____ vestidos o trajes con corbata.

9. Después de la fiesta, mis primos Pedro y Ramón <u>saltaron</u> a la piscina del hotel totalmente vestidos ¡y querían que todos nosotros _____ también!

◆ El condicional

◆ En el español oficial, se usan el **imperfecto del subjuntivo** y el **condicional** en las oraciones hipotéticas: *Si **tuviera** un millón de dólares, **viajaría** por Europa.* El verbo **tuviera** está en el imperfecto del subjuntivo y **viajaría** está en el condicional.

◆ Para formar el condicional se toma el infinitivo como base y se le añaden las siguientes terminaciones:

Singular	-ar	-er	-ir
yo	comprar**ía**	comer**ía**	asistir**ía**
tú	comprar**ías**	comer**ías**	asistir**ías**
usted, él, ella	comprar**ía**	comer**ía**	asistir**ía**

Plural	-ar	-er	-ir
nosotros(as)	comprar**íamos**	comer**íamos**	asistir**íamos**
vosotros(as)	comprar**íais**	comer**íais**	asistir**íais**
ustedes, ellos(as)	comprar**ían**	comer**ían**	asistir**ían**

◆ Los verbos irregulares en el condicional son los siguientes:

caber: *cabr-* *(cabría, cabrías…)*   **querer:** *querr-* *(querría, querrías…)*

decir: *dir-* *(diría, dirías…)*   **saber:** *sabr-* *(sabría, sabrías…)*

haber: *habr-* *(habría, habrías…)*   **salir:** *saldr-* *(saldría, saldrías…)*

hacer: *har-* *(haría, harías…)*   **tener:** *tendr-* *(tendría, tendrías…)*

poder: *podr-* *(podría, podrías…)*   **valer:** *valdr-* *(valdría, valdrías…)*

poner: *pondr-* *(pondría, pondrías…)*   **venir:** *vendr-* *(vendría, vendrías…)*

Capítulo
2

A. Completa las siguientes oraciones con la forma correcta de los verbos entre paréntesis. Usa el imperfecto del subjuntivo y el condicional.

1. ¿Qué _____ (hacer) tú si _____ (quedarse) sin gasolina?

2. Si Jaime no _____ (ser) tan tímido, _____ (salir) más.

3. Yo le _____ (prestar) el dinero si ella me lo _____ (pedir).

4. Mis compañeros _____ (ir) a la fiesta si no _____ (tener) que estudiar.

5. Si tú _____ (venir) a clase a tiempo, la profesora no _____ (enojarse) contigo.

6. Si el equipo de fútbol _____ (practicar) más, _____ (ganar) más.

7. Si yo no _____ (tomar) buenos apuntes, _____ (estar) perdido en esta clase.

8. Si tú _____ (poder) cambiar algo en el mundo, ¿qué _____ (ser)?

B. Completa las siguientes oraciones.

1. Si yo fuera presidente, yo _____

_____.

2. Si existiera la tecnología para viajar al futuro, nosotros _____

_____.

3. Si la comunidad pudiera, _____

_____.

4. Si todos trabajaran juntos _____

_____.

El futuro

◆ El **tiempo futuro** se usa al hablar de acciones futuras, para expresar el sentido de orden o mandato, o para expresar probabilidad o conjetura en el presente.

◆ Para formar el tiempo futuro se toma el infinitivo como base y se le añaden las siguientes terminaciones:

Singular	-ar	-er	-ir
yo	compraré	comeré	asistiré
tú	comprarás	comerás	asistirás
usted, él, ella	comprará	comerá	asistirá
Plural	**-ar**	**-er**	**-ir**
nosotros(as)	comprar**emos**	comer**emos**	asistir**emos**
vosotros(as)	comprar**éis**	comer**éis**	asistir**éis**
ustedes, ellos(as)	comprar**án**	comer**án**	asistir**án**

◆ En el tiempo futuro, los verbos irregulares son los mismos que en el condicional. Se toma como base las mismas raíces y se les añaden las terminaciones del futuro:

caber: *cabr-* *(cabré, cabrás…)*   **querer: *querr-*** *(querré, querrás…)*

decir: *dir-* *(diré, dirás…)*   **saber: *sabr-*** *(sabré, sabrás…)*

haber: *habr-* *(habré, habrás…)*   **salir: *saldr-*** *(saldré, saldrás…)*

hacer: *har-* *(haré, harás…)*   **tener: *tendr-*** *(tendré, tendrás…)*

poder: *podr-* *(podré, podrás…)*   **valer: *valdr-*** *(valdré, valdrás…)*

poner: *pondr-* *(pondré, pondrás…)*   **venir: *vendr-*** *(vendré, vendrás…)*

A. Luisa habla del futuro con un amigo. Escribe la forma correcta del futuro que corresponde a la expresión subrayada.

1. El futuro <u>va a ser</u> mejor. _____

2. <u>Voy a tener</u> más independencia. _____

3. Tú y yo <u>vamos a asistir</u> a una universidad muy buena. _____

4. Mis padres <u>van a poder</u> descansar más cuando que se jubilen. _____

5. Tú <u>vas a realizar</u> todos tus sueños. _____

6. Ya no <u>va a haber</u> guerras. _____

B. Escribe una oración explicando qué harán estas personas en las siguientes situaciones.

1. María no ha dormido mucho. Está muy cansada. Entonces…

_____

2. Alex y Sandra necesitan más dinero para la universidad. Este verano…

_____

3. Yo corrí cinco kilómetros en el parque. Cuando llegue a casa…

_____

4. No hemos comido en seis horas. En unos minutos…

_____

5. Hace poco dejó de llover. Dentro de un rato nosotros…

_____

 # El participio pasado

◆ El **participio pasado** funciona como verbo cuando se usa con una forma de **haber**, como es el caso con el presente perfecto: **he** *cantado*, **has** *comido*, **han** *dicho*. Cuando el participio pasado se usa como verbo, la forma del paricipio no cambia nunca: *he* **escrito**, *has* **escrito**, *ha* **escrito**, *hemos* **escrito**, *habéis* **escrito**, *han* **escrito**.

◆ Cuando se usa el participio pasado como adjetivo, la forma del participio sí cambia según lo que modifica. Concuerda en género (masculino o femenino) y número (singular o plural) con el sustantivo que modifica: *Las* **paredes** *están recién* **pintadas**.

◆ Para formar el participio pasado, se añade la terminación **-ado** a la raíz de los verbos en **-ar** y se añade la terminación **-ido** a la raíz de los verbos en **-er** e **-ir**.

    cantar: cant**ado**

    comer: com**ido**

    vivir: viv**ido**

◆ Hay algunos verbos que tienen un participio pasado irregular:

abrir: *abierto*	**escribir:** *escrito*	**romper:** *roto*
cubrir: *cubierto*	**hacer:** *hecho*	**resolver:** *resuelto*
descubrir: *descubierto*	**morir:** *muerto*	**ver:** *visto*
decir: *dicho*	**poner:** *puesto*	**volver:** *vuelto*

◆ El participio pasado de los verbos en **-er** o **-ir** cuyas raíces terminan en **a-**, **e-** u **o-** llevan un acento sobre la **í**: *caído, reído, oído*.

A. Completa las oraciones con el participio pasado del verbo entre paréntesis. Indica si se usa el participio pasado como verbo o adjetivo.

    1. ¿Dónde has _____ (poner) las llaves, Verónica? _____

    2. Cuando hayas _____(terminar) la revista, préstamela,
       por favor. _____

    3. ¿A qué hora se han _____(despertar) Marta y Pilar? _____

    4. La comida está lista y la mesa está _____ (poner). _____

5. Ten cuidado al caminar porque el piso está _____ (mojar)._____

6. Nosotros hemos _____ (abrir) las ventanas para que entre la brisa del mar. _____

7. Las camas están _____ (hacer) pero todavía necesito pasar la aspiradora. _____

8. De postre he _____ (preparar) un flan muy rico. _____

9. Andrés nos dijo que esta mañana se ha _____ (morir) su perro. _____

10. Como hoy es el 17 de marzo, Mike y Sean andan _____ (vestir) de verde. _____

◆ El presente perfecto del indicativo

◆ El **presente perfecto** indica una acción realizada en un tiempo pasado que llega hasta el presente, o una acción concluida en el presente cuyos efectos o consecuencias todavía son evidentes:

*Este mes el médico **ha tenido** muchos pacientes.*   *Todavía no **hemos oído** nada de Marisa.*

◆ El presente perfecto del indicativo se forma con el presente del indicativo del verbo **haber** más el **participio pasado** del verbo en cuestión.

	haber (presente del indicativo)	**participio pasado**
yo	he	
tú	has	cant**ado**
usted, él, ella	ha +	com**ido**
nosotros(as)	hemos	viv**ido**
vosotros(as)	habéis	
ustedes, ellos(as)	han	

A. Completa las siguientes oraciones con la forma correcta del presente perfecto de los verbos entre paréntesis.

1. Yo todavía no _____ (hacer) la llamada.

2. Mariano ya _____ (ver) todas las películas que queremos ver.

3. Yo ya _____ (echar) la basura al basurero.

4. No oigo bien al profesor. ¿Qué _____ (decir)?

5. A los Madrigal les encanta Italia. Ya _____ (hacer) el viaje tres veces.

6. Tristemente, se _____ (morir) el bisabuelo de Isabel.

7. Lorenzo lee muy rápido. Ya _____ (leer) un libro esta mañana.

8. ¿Qué _____ (comer) tú hoy que no te sientes bien?

9. Sara no _____ (faltar) ni un día a la clase de literatura.

10. ¿Todavía no _____ (llegar) los invitados?

✦ El presente perfecto del subjuntivo

◆ Por ahora, sólo nota el contraste entre el presente del subjuntivo y el **presente perfecto del subjuntivo:**

> Dudo que María **haga** la tarea.
>
> Dudo que ya **haya hecho** la tarea.

◆ El presente perfecto del subjuntivo se forma con el presente del subjuntivo del verbo **haber** más el participio pasado del verbo en cuestión.

	haber (presente del subjuntivo)		participio pasado
yo	haya		
tú	hayas		llegado
usted, él, ella	haya	+	tenido
nosotros(as)	hayamos		decidido
vosotros(as)	hayáis		
ustedes, ellos(as)	hayan		

A. Completa las oraciones sobre una fiesta de sorpresa con la forma correcta del verbo entre paréntesis. Usa el presente perfecto del subjuntivo o del indicativo.

1. ¡Qué bueno que todos _____ (llegar) tan temprano!

2. Me gusta que todos nosotros _____ (contribuir) a la fiesta.

3. No creo que Esteban y Lupe _____ (terminar) de hacer los entremeses.

4. Me parece bien que Silvia _____ (invitar) a sus primos también.

5. Qué raro que Jorge no _____ (llevar) nada de comer.

6. Esperamos que nadie le _____ (decir) nada a Susana acerca de la fiesta.

7. Me preocupa que Isa todavía no _____ (poner) el estéreo en la sala.

8. ¡Qué bonito se ve el patio! Es obvio que ustedes lo _____ (arreglar) todo muy bien.

9. ¡Ay, las velas para el pastel! Ojalá que a alquien se le _____ (ocurrir) traerlas.

10. ¡Chsst! Escóndanse todos. Creo que Susana y sus amigas por

    fin _____. (venir)

Capítulo 2

◆ Los gerundios y el presente progresivo

Capítulo 2

◆ El inglés y el español no siempre usan el **gerundio** y el **presente progresivo** de la misma manera. Nota las siguientes diferencias:

1. Se puede usar el gerundio en inglés como sustantivo. En el español, sin embargo, se emplea el infinitivo en estos casos:

   Swimming is great exercise.   *(El) **nadar** es buen ejercicio.*
   *One of my hobbies is **painting.***   *Uno de mis pasatiempos es **pintar.***

2. Comparado con el inglés, el uso del presente progresivo en español es más limitado. Compara:

   *She **is traveling** to Miami tonight.*   ***Viaja** a Miami esta noche.*

3. En el español, el presente progresivo con **estar** describe acciones en progreso en el momento de hablar. También se suele usar con frases adverbiales como **en este momento, ahora** y **ahora mismo.**

   *José **is talking** on the phone now.*   *José **está hablando** por teléfono ahora.*

4. El gerundio puede modificar al verbo como un adverbio de modo.

   *Contestó **gritando.***   *Salió **volando.***

5. También indica el método por el cual se hace algo. En inglés se usa a menudo *by* en estos casos. Compara las siguientes oraciones en inglés con sus equivalentes en español:

   *The only way to do it is **by**   *La única manera de hacerlo es
       talking** with him.*   **hablando** con él.*
   *You can help me **by setting** the table.* *Puedes ayudarme **poniendo** la mesa.*

A. Traduce las siguientes oraciones al español.

1. What are you doing right now? _____

2. The baby cried himself to sleep. _____

3. You're doing me a favor by going to the store. _____

   _____

4. We like listening to the radio. _____

5. She left the room laughing._____

6. Running every day is difficult. _____

7. I'm relaxing tomorrow. _____

8. This summer we're traveling through Latin America. _____

   _____

9. Taking the bus is easier than driving._____

   _____

10. The quickest way to make it is in the microwave. _____

    _____

GeoVisión Cuzco

Antes de ver

A. Mira la foto de Cuzco a la derecha. En la lista a continuación, pon una ✓ junto a las frases que la describan correctamente.

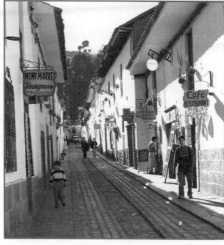

_____**a.** calles estrechas

_____**b.** centro comercial

_____**c.** construcciones de piedra

_____**d.** edificios modernos

_____**e.** casas coloniales

_____**f.** plantas tropicales

Después de ver

B. Lee los siguientes comentarios sobre Cuzco. Basándote en el video, di si cada comentario es **C** (**cierto**) o **F** (**falso**).

_____**1.** Cuzco es la capital del imperio azteca.

_____**2.** Cuzco es la capital del Perú.

_____**3.** Cuzco es un centro turístico importante.

_____**4.** Se conoce Cuzco por sus universidades.

_____**5.** Cuzco se consideró el "Ombligo del Mundo".

_____**6.** Muchos edificios están construidos sobre ruinas incas.

_____**7.** El Barrio de San Blas tiene calles estrechas y empinadas.

_____**8.** La Plaza de Armas está en Machu Picchu.

_____**9.** El parque arqueológico más conocido y espectacular es Machu Picchu.

C. Escribe un párrafo breve que describa la imagen de **GeoVisión** que más te impresionó. Explica por qué esa imagen te llamó la atención.

_____

_____

_____

VideoCultura *Comparaciones*

Antes de ver

A. Para cada profesional mencionado, escribe una oración que explique por qué te imaginas le gustaría su profesión a esa persona.

Cirujano plástico: _____

Comerciante: _____

Paramédico: _____

Después de ver

B. Lee los siguientes comentarios y determina a quién de los tres entrevistados se refiere cada comentario. Escribe la letra de la persona correcta junto a cada comentario.

a. David	b. Mariana	c. Nelson

_____**1.** Se levanta a las seis y media de la mañana.

_____**2.** Empieza a trabajar a las seis de la mañana.

_____**3.** Estudió ocho años de medicina y cinco años de cirugía plástica.

_____**4.** Lo que más le gusta de su trabajo es ayudar a su comunidad.

_____**5.** Aprendió matemáticas y relaciones públicas para hacer su trabajo.

_____**6.** Lo que más le gusta de su trabajo es conocer a nuevas personas.

_____**7.** Lo que menos le gusta de su trabajo es el estrés.

_____**8.** Empieza el día revisando el equipo y los vehículos.

_____**9.** No le gusta cuando hay accidentes con niños.

C. ¿Qué más les gusta de su profesión a los tres entrevistados? Pon una ✓ junto a la respuesta correcta.

_____ayudar a las personas   _____ el dinero   _____ la reputación

D. Si tuvieras que escoger entre las tres profesiones de los entrevistados, ¿cuál escogerías? Explica tu respuesta.

_____

_____

_____

Antes de leer

Las predicciones Para ser un buen lector, es importante hacer predicciones, o sea, tratar de adivinar lo que va a pasar en una lectura. El lector hace esas predicciones combinando lo que dice el texto, su conocimiento previo y su propia experiencia. A medida que se lee, las predicciones pueden cambiar; por eso, al final de la lectura, es interesante comparar las predicciones que se hicieron con lo que realmente pasó en la historia.

En tu opinión Lee las siguientes declaraciones de los personajes del cuento *Infeliz cumpleaños.* Luego, en una hoja aparte, escribe una predicción lógica para cada declaración.

Declaraciones

1. La verdad es que las costumbres de todos los días traen consigo no sólo una serenidad calmante sino también un profundo aburrimiento.
2. Pero se supone que hoy va a desviarse de lo común, que hoy va a distinguirse del desfile interminable de días idénticos.
3. No es necesario ser intelectual al nivel de Einstein para concluir que dentro de esa cajita no hay cámara de ninguna clase.
4. Pero, para mí, esa caja contiene nada más y nada menos que una profunda frustración.

◆ Vocabulario

Anglicismos. Los **anglicismos** son palabras o frases que se toman prestadas del inglés y se adaptan al español como resultado del contacto que existe entre los hablantes de estos dos idiomas. Los **préstamos** lingüísticos son ejemplos de anglicismos. Muchos préstamos, tales como *suéter, líder* o *poliéster,* ya están adoptados ortográficamente pero otros se consideran todavía palabras extranjeras, como es el caso de *tour, beep* o *hobby.* La relación constante entre estos dos idiomas, especialmente en comunidades bilingües, ha resultado en el uso rutinario de estas palabras y otras como *lonchar, mopear* y *friquearse.*

Escribe por lo menos seis palabras que usas a diario que crees que sean anglicismos.

1. _____
2. _____
3. _____
4. _____
5. _____
6. _____

Infeliz cumpleaños

En mi casa todos los días sin falta ocurre una serie de actividades en secuencia fija a partir de las seis y media de la mañana:

A. ¿Qué hace la mamá todos los días? ¿el papá? ¿el hermanito? ¿el tío? ¿la narradora?

(1) mamá se levanta y al pasar frente al espejo del pasillo se compone el pelo furtivamente[1] con la mano derecha sin que nadie la vea;

(2) papá emite un gruñido volcánico, se pone la bata y sale a recoger el periódico que con gran frecuencia ha caído justamente donde no debiera, en el rosal;

(3) mi hermanito salta de la cama como un cohete encendido dirigido hacia la cocina, propulsado por el apetito de un dinosaurio adolescente;

(4) mi tío prende, una por una, las cinco computadoras que tiene alineadas en formación militar hasta que cantan a coro el programado saludo musical: «Buenos días, WebMaster Supremo»;

(5) y yo, yo, futura directora de películas conmovedoras y de gran éxito comercial, antes de enfrentarme a las infinitas posibilidades del día, le pido al Universo (de una manera humilde pero, sin embargo, dinámica) que hoy, que hoy sea el día en el cual por fin recibo lo que urgentemente necesito y más deseo en todo el gran y espléndido mundo: una videocámara digital. Con trípode, si fuera posible.

B. ¿Qué quiere ser la narradora?

La verdad es que las costumbres de todos los días traen consigo no sólo una serenidad calmante sino también un profundo aburrimiento. En mis sueños cinematográficos, la videocámara es la varita mágica que con su toque sobrenatural transforma toda esa previsible repetición.

Así sigue la escena tradicional: mamá pone el café y saca la caja de huevos del refrigerador, papá empieza a leer el periódico en la mesa mientras espera su desayuno, Dieguito baja en otra ridícula combinación de pantalones y camiseta que no hacen juego y que siempre inspiran en mí las ganas de reír y llorar simultáneamente. (¿Cómo puede ser esta criatura sin rastro de estilo y sin

....

1 a las escondidas

sentido del color mi relación biológica?) Finalmente entra mi tío Sergio, zumbando como piloto de carreras sobre su silla de ruedas, listo para atacar los problemas electrónicos del WebMaster Supremo en el instante que termine el ritual necio pero necesario de desayunar.

Un día habitual y normal en la casa Montemayor se desarrolla más o menos de la manera descrita. Pero se supone que hoy va a desviarse de lo común, que hoy va a distinguirse del desfile interminable de días idénticos, que hoy va a trascender más allá de lo cotidiano[2] para que se recuerde en el futuro como algo único. Único porque es mi cumpleaños. Único porque quizás después de cinco años de ignorar mis peticiones diarias, el Universo, en su infinita sabiduría, por fin las concederá. Y si no el Universo, entonces mis padres, a quienes les había comunicado claramente el modelo, la marca y el precio de mi deseo: setecientos noventa y nueve dólares.

Con mi vasta experiencia de quince años, ya había deducido que rara vez recibe uno lo que realmente quiere para su cumpleaños. Pero en este momento de capital importancia, la llegada a la mágica edad de dieciséis, hice lo que casi nunca me permito hacer: abandoné la lógica en favor de la emoción.

La puerta de mi recámara se abre y detrás de ella veo las caras efervescentes de mi familia en pleno Plan Celebración. Sonrisas de oreja a oreja, gritos de felicidad, brazos extendidos y alegres melodías cantadas en voces desafinadas. Con la sutileza que es mi marca registrada, busco desesperadamente la caja envuelta, el moño gigante, el papel de regalo con tema cinemático, cualquier pequeño detalle que señale la realización de mis sueños «hollywoodenses». Cuando por fin alcanzo a localizar el objeto de mi investigación, por un segundo imperdonablemente elástico, no puedo contener mi desilusión.

En mis manos, mamá deposita una cajita del tamaño de mi palma. No es necesario ser intelectual al nivel de Einstein para concluir que dentro de esa cajita no hay cámara de ninguna clase. El tamaño de la caja indica que contiene una pieza de joyería. Unos aretes, quizás, un anillo de diamante exquisito que todas mis compañeras sinceramente envidiarán. Pero para mí, esa caja contiene nada más y nada menos que una profunda frustración.

. . . .

2 diario y común

C. ¿Por qué hoy es un día especial?

D. ¿Cuántos años va a cumplir la narradora?

E. ¿Qué piensa la narradora que va a recibir para sus cumpleaños?

F. ¿Qué recibe?

Recobré la compostura tan pronto como la había perdido. «Gracias, gracias, mil gracias, ¡qué bonito! muy caro, ¿no? ¡no lo merezco! ¡de veras! ¡qué bello! ¡mira como brilla! ¡cómo van a admirarlo mis amigas! ¡no debieron gastar tanto! Mamá, papá, ¿cómo puedo darles las gracias?»

Traté de consumir mi decepción en palabras y gestos animadores. Mientras abrazaba y besaba a mis padres, mi mente contemplaba las posibilidades. La decisión tenía que ser entre valiente y cobarde. Valiente sería no dar indicación alguna de mis sentimientos verdaderos. Cobarde sería llorar y hacer el papel de la víctima injustamente tratada. Dentro de este torbellino[3] de sentimientos confusos, tuvo el teléfono la compasión de sonar. La familia evacuó mi cuarto instantáneamente.

G. ¿Quién llama a la narradora? ¿Cómo se llama el amigo que la llama? ¿Cuál es su apodo?

H. ¿Cómo se llama la narradora? ¿Cuál es su apodo? ¿Le gusta su apodo?

I. ¿Por qué cuelga enojada la narradora?

—Feliz, feliz, cariño mío.

—Más bien infeliz.

—¿Qué te pasa, chica? ¿Quieres que te traiga unos chocolatitos? Haré todo lo que pidas hoy.

—¿Me das setecientos noventa y nueve dólares para comprar la cámara?

—¿No te la regalaron? Ay, Loli, pobrecita, ¡tenía tantas ganas de actuar en tu primera película!

—Pues olvídate. Sin cámara no habrá película. Y por el amor de Dios, ¿cuántas veces te he dicho que no me llames Loli? Me llamo Dolores. Recuérdalo, 'Betito'.

Corté la línea enojada, pero no con el pobre Gilberto. Pensé lo que suelo pensar después de una discusión con él: «Le llamo más tarde. Siempre nos conformamos». Ahora tenía el problema más urgente de continuar la charada con mis padres. Al bajar las escaleras, oí voces bajas en el pasillo. No quise interrumpir pero sí quise escuchar.

. . . .

3 remolino

—No le gustó el regalo.

—¿Cómo sabes?

—¿Apoco no le viste los ojos cuando abrió la caja?

—Sí, Rafael, pero …

—Pero, ¿qué Graciela? Debimos darle lo que pidió.

—Ya sabes por qué no puedo permitir eso.

—Eso, lo de tu padre, fue hace muchos años. El mundo ha cambiado bastante desde entonces.

—No sé. Tengo un presentimiento…[4] A esa niña le atrae el peligro… No quiero darle nada que la lleve directamente a ello.

—Pero, vaya, Graciela, no es para tanto. Es solamente una cámara, por el amor de Dios.

—Es lo que pensaba papá. Y mira lo que le pasó a él.

Estaba intentando descifrar la conversación telegráfica de mis padres cuando Dieguito empezó a rodearme con sus rimas infantiles.

—No te friquees, Loli, Loli, Loli, ¿por qué estás friqueada?, Loli, Loli, Loli, feliz cumpleaños, Loli, Loli, Loli.

Dieguito, conocido más bien como 'Diggie' entre sus compatriotas escolares, tiene la costumbre irritante de conjugar los verbos del inglés con terminaciones del español. Para él, "friquearse" es la traducción natural de "*to freak out*". Por lo tanto, de su boca suelen salir frases como "no te friquees" o "mamá se friqueó" o "¿viste que se friquearon?"

Mis padres estaban definitivamente friqueados. Yo también. Me libré de Diggie y volví a mi cuarto. ¿Cómo diablos iba a conseguir setecientos noventa y nueve dólares?

---

[4] premonición, intuición

*Contesta las preguntas de **Comprensión** en una hoja aparte.*

J. ¿De qué hablan los padres de la narradora?

K. ¿Cree el padre que le gustó el regalo a la chica?

L. ¿De qué otro pariente hablan?

M. ¿Cómo se llama el hermanito de la narradora? ¿Cuál es su apodo?

N. ¿Qué está planeando la narradora al final del cuento?

¿Qué piensas tú?

1. ¿Crees que los padres de Dolores le hubieran dado lo que quería para su cumpleaños? Explica tu respuesta. _____

_____

_____

2. ¿Por qué la madre de Dolores no quiso darle la videocámara para su cumpleaños? ¿A quién se refiere en su explicación a su esposo? _____

_____

_____

3. ¿Crees que Dolores va a conseguir la videocámara o no? ¿Por qué piensas eso? _____

_____

_____

 Ortografía

La división de palabras en sílabas

◆ Toda palabra está compuesta de una o más **sílabas**. La **sílaba** es la letra o grupo de letras que se pronuncia con un solo golpe de voz. Contiene siempre o una vocal o un sonido vocálico: *i-ban, rí-o, gran-de, pro-fun-do*. El saber cómo se dividen las palabras en sílabas ayuda a deletrearlas y pronunciarlas correctamente. En español, se dividen las palabras según las siguientes reglas.

1. La sílaba generalmente empieza con una consonante: *po-der, cam-pa-na, pe-lí-cu-la*. Si la palabra empieza con una vocal, entonces la primera sílaba empezará con esa vocal: *u-va, on-da, a-fue-ra, em-pe-za-ra*.

2. En general, cuando hay dos consonantes juntas, la primera consonante va con la sílaba anterior y la segunda consonante va con la próxima sílaba: *gen-te, suer-te, gim-na-sio, e-mer-gen-cia*. No se puede empezar una sílaba con una **s** seguida por una consonante. La **s** se une a la sílaba anterior: *es-pe-cial, ves-ti-do, es-tor-bar*.

3. La **h**, aunque es muda, sigue las mismas reglas que las otras consonantes; *des-he-cho, ad-he-si-vo*.

4. Hay ciertas combinaciones de letras que nunca se dividen: **bl/br; ch; cl/cr; dr; fl/fr; gl/gr; ll; pl/pr; qu; rr; tl/tr**: *ha-bló, a-brir; le-che; re-cla-mo, es-cri-to; ma-dri-na; a-fli-gir; o-fre-cer; i-gle-sia, a-gra-da-ble; ca-lle; a-pli-ca-da; a-pre-tar; in-quie-to; a-bu-rri-do; a-tle-ta, o-tro*

5. Cuando una palabra tiene tres o cuatro consonantes juntas, se divide según las reglas anteriormente presentadas: *cons-trui-do, trans-por-te, obs-truc-ción*.

6. Dependiendo de cuál es la sílaba acentuada, las combinaciones vocálicas pueden formar una sola sílaba o pueden dividirse en dos sílabas: *pia-no, de-cí-a; bue-no, con-ti-nú-e*.

A. Lee las palabras siguientes en voz alta. Luego escríbelas y divídelas en sílabas.

1. manera _____

2. maravilla _____

3. acción _____

4. enfermo _____

5. anteojos _____

6. blanquillo _____

7. torre _____

8. fotografía _____

9. ochocientos _____

10. problema _____

11. estructura _____

12. realidad _____

13. almohada _____

14. cualquiera _____

15. experiencia _____

 # Gramática: El imperfecto del subjuntivo

◆ En el pasado, el subjuntivo se usa en los mismos contextos que en el presente. Cuando el verbo de la cláusula principal está en el pasado, entonces toda la oración cambia al pasado. Por lo tanto, el verbo en subjuntivo de la cláusula subordinada también debe estar en el pasado:

> Te **presto** mi bicicleta con tal que me la **traigas** por la tarde. (presente)
> Te **presté** mi bicicleta con tal que me la **trajeras** por la tarde. (pasado)

El imperfecto del subjuntivo se usa...

1. En cláusulas nominales, cuando la cláusula principal expresa influencia, voluntad, duda, negación, emoción, juicio u opinión en el pasado:
   Yo **no creí que llegáramos** a tiempo.

2. En cláusulas adverbiales, después de ciertas conjunciones condicionales o temporales, cuando el verbo en la cláusula principal está en el pasado:
   Le organizaron una fiesta de sorpresa a Beto **sin que** él se **diera** cuenta.

3. En cláusulas adverbiales, para referirse a situaciones o acciones hipotéticas:
   Sería fabuloso si **fuéramos** a México este año.

Capítulo 3 **31**

A. Alicia y unos amigos hicieron un viaje a Monterrey el mes pasado. Escribe de nuevo las oraciones sobre el viaje, cambiándolas al pasado.

1. Vamos a salir después de que todos entreguen sus exámenes finales.

   _____

2. Es ridículo que justo cuando estamos por salir, Nuria diga que no quiere ir.

   _____

3. Mi mamá se preocupa de que salgamos de noche.

   _____

4. No creo que la gasolina alcance para llegar a Monterrey.

   _____

5. El accidente en la carretera impedirá que lleguemos antes del anochecer.

   _____

6. Voy a llamar a mis papás cuando encontremos el hotel.

   _____

7. Vamos a comer algo, antes de que se cierren los restaurantes.

   _____

B. Completa las preguntas sobre situaciones hipotéticas con el imperfecto del subjuntivo del verbo entre paréntesis.

1. ¿Qué harías si en este momento _____ (ver) a tu cantante favorito?

2. ¿Cómo sería tu casa si tú mismo(a) _____ (poder) diseñarla?

3. ¿Si _____ (tener) que escoger, ¿en qué país vivirías?

4. Si te _____ (elegir) presidente de la clase, ¿qué actividades propondrías?

5. ¿Qué te gustaría comprar si no _____ (ser) tan caro?

6. ¿Qué podrías hacer mañana si no _____ (haber) clases?

7. ¿Cómo te sentirías si _____ (sacar) una «A» en el próximo examen de español?

C. Escribe un párrafo sobre un evento pasado en el que se presentó un problema o un malentendido, que se solucionó luego. Explica lo que pasó, usando el imperfecto del subjuntivo para expresar lo que querían y esperaban tú y los demás, qué opinaban todos y cómo reaccionaron. Usa las expresiones del cuadro si quieres.

Quería que...	Mis padres (amigos) esperaban que...
No creía que (creíamos) que...	Todos me dijeron que...
Me parecía increíble (raro) que...	Fue bueno (malo) que...
Era (Fue) interesante que...	(No) Me gustaba que...

MODELO *El año pasado el entrenador de tenis quería que entrenara todos los días. Yo no creía que fuera necesario. ...*

La vida profesional

Los negocios familiares

En el mundo hispano, hay muchos negocios de familias hispanas donde trabajan más de una generación de la misma familia. En tu comunidad, ¿hay algunos negocios familiares? Es probable que lleven el apellido de la familia en el título del negocio, por ejemplo, *Tienda de muebles Hinojosa* o *Montemayor y Montemayor, Licenciados.* Añade a la lista a continuación tres o cuatro negocios familiares en tu comunidad.

Tienda de artesanías, Austin, Texas

tienda de artesanías

tienda de muebles

tienda de ropa

tienda de comestibles

despacho (o bufete) de abogado

estudio de arquitecto

oficina de ventas de seguro

carnicería

_____

_____

_____

_____

_____

_____

_____

_____

_____

_____

_____

_____

_____

La vida profesional

◆ Vamos a escribir

A. Escoge uno de los negocios familiares que nombraste en la lista de la página 33. Vas a ir a ese negocio a hacerles algunas preguntas a los dueños. Completa el cuestionario a continuación. Asegura que vas a hacerles las preguntas que más te interesan.

Cuestionario

1. ¿Qué venden o cuáles son los servicios que ofrecen?

_____

2. ¿Cuándo empezó el negocio? ¿Quién o quiénes lo fundaron?

_____

3. ¿Tienen clientes hispanohablantes? ¿Qué porcentaje de su clientela es hispanohablante?

_____

4. ¿Cómo preparan a los miembros jóvenes de la familia en el negocio?

_____

5. _____

_____

6. _____

_____

7. _____

_____

8. _____

_____

B. Ahora escribe una párrafo que explique los resultados de tu cuestionario. Escríbelo de una manera que inspire a otros hispanohablantes a empezar sus propios negocios familiares.

_____

_____

_____

_____

_____

_____

Capítulo **3**

GeoVisión *Santo Domingo*

Antes de ver

A. En la lista a continuación, pon una ✓ junto a las cosas que anticipas ver en el video sobre Santo Domingo.

_____playas blancas	_____casas coloniales	_____iglesias
_____montañas altas	_____edificios modernos	_____museos
_____lagos	_____ruinas	_____teatros
_____parques	_____avenidas grandes	_____mercados

Después de ver

B. Empareja cada actividad con el mejor lugar en Santo Domingo para hacerla.

_____**1.** ver orquídeas nativas   **a.** El Malecón

_____**2.** reunirse con amigos   **b.** calle El Conde

_____**3.** ver arte precolombino   **c.** Teatro Nacional

_____**4.** ver manatíes   **d.** Museo del Hombre Dominicano

_____**5.** escuchar artistas locales   **e.** Jardín Botánico

_____**6.** ir de compras   **f.** Acuario Nacional

C. Lee los siguientes comentarios sobre Santo Domingo. Basándote en lo que dijo Julio, marca cada comentario con una **C** (**cierto**) o una **F** (**falso**).

_____**1.** Santo Domingo es una ciudad pequeña en el centro del país.

_____**2.** El Obelisco Macho es símbolo de la libertad.

_____**3.** El Alcázar de Colón es hoy un museo.

_____**4.** La Catedral Primada de América fue construida al estilo modernista.

_____**5.** El Teatro Nacional está en la Plaza de la Cultura.

_____**6.** El Jardín Botánico tiene muchas especies de orquídeas.

_____**7.** En el Museo del Hombre Dominicano se pueden ver tiburones.

D. Escribe un párrafo breve sobre tus impresiones de Santo Domingo y explica por qué te interesaría conocerlo o no.

_____

_____

VideoCultura *Comparaciones*

Antes de ver

A. En tu vecindario, ¿dónde se junta la gente con sus amigos?

_____

_____

Después de ver

B. ¿Mencionó alguno de los entrevistados uno de los lugares que escribiste en la Actividad A? Explica.

_____

_____

C. Los siguientes comentarios son falsos. Escríbelos de nuevo para que sean ciertos según el video.

1. En el barrio de Gabriel hay muchos apartamentos. _____

_____

2. Las tiendas pequeñas son más comunes en Santo Domingo._____

_____

3. Pablo vive en una ciudad grande cerca de Madrid._____

_____

4. En Santo Domingo, se va a las plazas a jugar básquetbol._____

_____

5. Las personas en Coyoacán se reúnen en los centros recreativos._____

_____

6. En el barrio de María Luisa hay muchos parques._____

_____

D. Escribe dos o tres oraciones explicando lo que aprendiste del video sobre Santo Domingo que no sabías antes.

_____

_____

_____

_____

Antes de leer

Estrategia

Pensando en voz alta. El buen lector reacciona a lo que está leyendo mientras lee, pero generalmente lo hace en su mente; no lo expresa en voz alta. Pensar en voz alta es una buena estrategia para identificar problemas o soluciones, preguntarse el significado de las palabras o frases, y hacer predicciones, comparaciones, o comentarios que puedan ayudar a comprender un texto.

Mi reacción. Lee las siguientes oraciones del comienzo del cuento *Salvavidas* y, en una hoja aparte, escribe tu reacción a cada oración. Tu reacción puede ser una predicción, una comparación, un comentario, o la identificación de un problema o su solución.

MODELO Dolores no lo sabe pero fue ella la que me salvó la vida.

Un comentario: El narrador le tiene que tener un gran afecto a esta persona Dolores, porque ella le salvó la vida.

1. La cuido a larga distancia—es tan independiente que si supiera cómo la vigilo se instalaría en un enfado permanente conmigo…

2. Dolores no es el tipo de chica que lo quiere todo: no desea los accesorios típicos de la jovencita "highschoolera".

3. No es que sea ángel (porque todos los que la conocemos sabemos muy bien que no lo es) sino que las cosas que le interesan…surgen de un nivel más allá de lo materialista.

4. Desde niña ha demostrado el don del fotógrafo.

Vocabulario

Cognados falsos. Hay ocasiones en las que la escritura de dos palabras es la misma o muy parecida en las dos lenguas, pero el significado es completamente diferente en sus usos más frecuentes. Éste es el caso de los **cognados falsos.** Por ejemplo, *pariente, suceso* y *librería* no significan los mismo que *parent, success* y *library.* Es importante tener en cuenta el contexto en que aparecen los cognados y consultar el diccionario siempre que haya alguna duda.

Escoge por lo menos tres pares de palabras. En una hoja aparte, escribe una oración usando cada palabra con su significado correcto. Usa el diccionario si hace falta.

rudo/descortés	aplicar/mandar	personaje/carácter
presente/regalo	colegio/universidad	argumento/discusión
asistir/atender	éxito/suceso	dar cuenta/realizar

A. ¿Quién es el narrador del cuento? ¿Cómo sabes?

B. ¿Qué dice tío Sergio que hizo Dolores para él?

C. Según tío Sergio, ¿es Dolores una chica típica?

Salvavidas

Mi sobrina Dolores no lo sabe pero fue ella la que me salvó la vida. Algún día se lo diré pero, por ahora, le doy las gracias a diario sin que se dé cuenta. La cuido a larga distancia —es tan independiente que si supiera cómo la vigilo se instalaría en un enfado permanente conmigo, algo que no podría ni permitir ni soportar.

Dolores no es el tipo de chica que lo quiere todo: no desea los accesorios típicos de la jovencita "highschoolera". Ahora que lo pienso, no me puedo acordar de la última vez (antes de la videocámara) que haya pedido algo material sólo para darse gusto.

No es que sea ángel (porque todos los que la conocemos sabemos muy bien que no lo es) sino que las cosas que le interesan, las ideas que la preocupan, los pensamientos que la entretienen, surgen de un nivel más allá de lo materialista.

D. ¿Cuál es el talento que ha mostrado Dolores desde pequeña?

Desde niña ha demostrado el don del fotógrafo. Siempre mirando y evaluando el mundo a través del cuadrito que es la lente. Una vez la encontré hincada entre dos sillas vigilando, como espía, por un huequito[1] formado entre los respaldos, una conversación animada entre mi hermana y su mejor amiga mientras tomaban su merienda de todas las tardes. Estaba en un estado de hipnosis tan completo que no me sintió, ni siquiera escuchó el rechinar omnipresente de mi silla de ruedas.

....

1 espacio pequeño

Dicen que la genética explica la mayoría de las tendencias, las formas de ser, el modo de analizar el mundo. Es verdad que papá era matemático por excelencia, y que de allí nació mi amor por las computadoras. Pero en la familia, todos sabíamos y aceptábamos que su verdadera pasión era la fotografía. Mi hermana Graciela cree, en los rincones más oscuros de su alma, que fue esa pasión lo que lo mató. Yo no estoy de acuerdo con ella. A papá lo mató la política, no la foto que insistió en publicar.

Contesta las preguntas de **Comprensión** en una hoja aparte.

E. ¿Qué era el abuelo de Dolores?

F. ¿Cuál era su verdadera pasión?

G. ¿Qué cree Graciela (la mamá de Dolores) que mató a su papá? ¿Qué cree tío Sergio?

Cuando Graciela ve en los ojos de su hija el mismo afán por las imágenes, vive de nuevo el terror de esa noche cuando llegó la policía a avisarle a mamá que se acababa de convertir en viuda después de tantos años de ser esposa. No la puedo culpar a la pobre Graciela. Yo también sentí el "no puede ser" de la pesadilla despierta, el temor desenfrenado[2] de un futuro sin padre, el no aceptar la pérdida de un ser extraordinario, un ser, simplemente, sin sustituto. Graciela, Graciela, Graciela. Yo también lo sentí: el desconsuelo prolífico.

Años después, en la cumbre[3] de nuestras repetidas batallas contra las autoridades, nuestras campañas semi-adultas para lograr la independencia y la autoestima, los dos pasamos por una etapa en la cual el enojo hacia papá por haber puesto sus principios antes que su familia nos comía por dentro. La diferencia es que yo he logrado perdonarlo; al contrario, Graciela nunca lo ha conseguido.

Hay algunas cosas tan grabadas en el ADN de uno que no hay modo de erradicarlas. Graciela nunca logrará quitarle el ojo fotográfico a su hija. No sé por qué no lo acepta.

H. ¿Cómo supieron de la muerte de su padre Graciela y Sergio?

I. ¿Perdonaron a su padre los dos? ¿Quién sí y quién no?

. . . .

2 sin frenos, fuera de control   **3** culminación

Contesta las preguntas de Comprensión en una hoja aparte.

J. ¿Qué le ha dado Graciela a Sergio?

Yo soy huésped en esta casa. Mi hermana, con su corazón de oro, me ha regalado el espacio físico y espiritual que necesito para curarme del susto de haber perdido el uso de mis piernas. La deuda que tengo con ella es tan inmensa que no existen cálculos matemáticos que puedan expresar la enormidad de mi agradecimiento. No es difícil imaginar la consternación que me invadió cuando entró Dolores a mi cuarto a decirme:

—Tío. Ayúdame a vender el anillo.

—Pero, hija. ¿El anillo que te regalaron tus padres para tu cumpleaños?

—Ése mismo.

A los dieciséis años yo también era rebelde y cabezudo. Sin ser hipócrita, ¿cómo iba a disuadirla de cometer ese monstruoso error?

—Hija. Usa la cabeza. Tus papás se van a dar cuenta. No hay modo de venderlo sin que se enteren.

—¿De quién es el anillo?

—Tuyo.

—Y lo que le pertenece a uno, legítimamente, uno lo puede vender, ¿no?

—Tienes razón, Dolores. Pero sabes muy bien que estás bailando sobre arenas movedizas.

—Les pedí la videocámara. El anillo tuvo que haber costado más.

—No es cuestión de costo. Los regalos no se venden, Dolores. Se aprecian.

La cara que me dio me derritió el corazón. En sus labios noté el temblor que reflejaba su pacto interno de no llorar ante de nadie. Vi la determinación nacer y crecer en su cuerpo.

—Tío. Necesito la videocámara. La necesito mucho más de lo que necesito el anillo.

K. ¿Qué le pide Dolores a su tío Sergio?

L. ¿Qué le aconseja tío Sergio a Dolores? ¿Por qué?

—Necesitar es una palabra muy fuerte, Dolores. ¿Para qué la necesitas?

—Para hacer mi primera película. La que me va a hacer ganar el concurso.

—¿Qué concurso?

—El del Web. Tú sabes, tío, por favor, no te hagas el tonto.

—El concurso, Dolores. ¿Vale más el concurso que lo que van a sentir tus padres cuando se den cuenta que los has engañado?

Sabía la contestación a la pregunta antes de hacerla. Pero la verdad es que el puesto de tío no viene con un manual completo que explique las soluciones a los dilemas diarios del tío en la onda.

—Tío, ¿me puedes vender el anillo por la red? Solo necesito ochocientos dólares. Sé que el anillo vale mucho más.

Aquel día en el hospital, horas después de mi accidente, Dolores me abrazó con una ternura tan completa y tan sincera que mis deseos de terminar mi vida se evaporaron instantánea y absolutamente. ¿Cómo le iba a decir a mi salvavidas que no?

En los momentos inesperados de la vida, cuando no se presentan soluciones inmediatas, hay que seguir adelante con toda la fuerza de las convicciones. Dolores merecía la videocámara. Dolores era una chica trabajadora con ideas y visiones que tenían que florecer y que yo mismo quería presenciar.[4] ¿Por qué no darle los ochocientos dólares? Ella tendría su querida cámara y yo guardaría el anillo hasta que llegara el momento en el cual tuviéramos que enfrentar a su madre.

Las matemáticas me han enseñado algo: hay cosas invariables. Dolores iba a conseguir esa cámara sin o con mi ayuda. Mejor con, según el manual del tío.

. . . .

4 observar, ser testigo de

Contesta las preguntas de Comprensión en una hoja aparte.

M. ¿Por qué quiere vender el anillo Dolores?

N. ¿Cómo se lastimó las piernas tío Sergio? ¿Qué hizo Dolores para él ese día?

O. ¿Decide tío Sergio ayudarla o no?

◆ ¿Qué piensas tú?

1. ¿Crees que Dolores tiene derecho de vender el anillo? Explica. _____

_____

2. ¿Crees que tío Sergio tomó la decisión adecuada? ¿Por qué sí o por qué no? _____

_____

3. ¿Crees que vaya a haber consecuencias al final por la venta del anillo? ¿Qué crees que

suceda? _____

◆ Ortografía

El acento tónico

◆ En las palabras de más de una sílaba, siempre hay una sílaba que se pronuncia con más fuerza o intensidad que las otras: *lar-go; pe-sar; her-ma-no, jó-ve-nes, ca-ba-lle-ros.* Se le llama acento tónico al «golpe» que se le da a esa sílaba. La sílaba que lleva este acento tónico se llama la **sílaba tónica.**

1. La sílaba tónica no siempre tiene que llevar acento ortográfico: **bos**-*que*, **can**-*to*, *e-no-**ja**-da, e-**xa**-men, na-**tal**.*

2. Cuando se necesita usar el acento ortográfico, siempre se coloca en la sílaba tónica: **có**-*mo-dos*, **lám**-*pa-ra*, *vi-**ví**-an, be-**llí**-si-ma, en-**tró**; ta-**zón**, ja-po-**nés**.*

3. La sílaba tónica puede ser la última sílaba (*Ja-**pón**, sa-**bor***), la penúltima (**cuer**-*da*, *ins-tru-**men**-to*), la antepenúltima (**pá**-*ni-co*, **ár**-*bo-les*) o la preantepenúltima (**pá**-*sa-me-la, en-**tré**-guen-me-lo*).

A. Pronuncia las siguientes palabras en voz alta. Luego escríbelas y divídelas en sílabas. Identifica la sílaba tónica de cada palabra, indicando si es la última, penúltima o antepenúltima sílaba.

MODELO   español
Escribes: *es-pa-ñol. La sílaba tónica es –**nol** y es la última sílaba.*

1. animales _____

2. atroz _____

3. avaro _____

4. catástrofe _____

5. comenzó _____

6. construcción _____

7. fantástico _____

8. indígena _____

9. perdiéndose _____

10. tempestad _____

Capítulo 4

Gramática: El condicional

El condicional se usa…

1. En combinación con el imperfecto del subjuntivo, para referirse a situaciones o acciones hipotéticas. Se usa la fórmula **si** + *imperfecto del subjuntivo*, seguido por un verbo en el **condicional**.

   *Si **te acostaras** más temprano, te **sentirías** mejor.*

2. Es posible cambiar el orden de esta fórmula:

   *Me **encantaría si pudieras** pasar las vacaciones con nosotros.*

3. Para hacer una conjetura sobre una acción en el pasado:

   *Lo llamamos varias veces pero no contesta. ¿**Habría** salido?*

A. En el cuento *Salvavidas*, si pasaran algunas cosas, entonces pasarían otras. Escribe que pasaría si ocurriera lo que se describe en la primera frase. Sigue el modelo.

Modelo (Dolores) hablar con su tío / (él) ayudarla
Escribes: *Si Dolores hablara con su tío, él la ayudaría.*

1. (su tío) ayudarla / (ella) vender el anillo

_____

_____

2. (Dolores) vender el anillo / (ella) comprar la videocámara

_____

_____

3. (Dolores) comprar la videocámara / (ella) participar en el concurso del Web

_____

_____

4. (Dolores) participar en el concurso / (ella) ganarlo

_____

_____

5. (su madre) darse cuenta / (ella) enojarse con los dos

_____

_____

6. (Dolores) decirles la verdad a sus padres / (ellos) comprarle la videocámara.

_____

_____

B. Un amigo habla de lo que le gustaría hacer para cambiar su vida. Para cada situación o problema, escribe una oración hipotética en la que le das consejos. Usa el condicional y el imperfecto del subjuntivo.

MODELO Necesito graduarme lo antes posible pero me faltan cuatro clases todavía.
ESCRIBES: *Si tomaras dos clases en el verano, te graduarías este año.*

1. Me gustaría aprender a tocar la guitarra pero este año estoy en el coro y también en el equipo de béisbol. _____

_____

2. Creo que debo buscar trabajo pero no tengo carro. _____

_____

3. Mis dos mejores amigos viven en Chile ahora. ¡Cómo quisiera visitarlos! _____

_____

4. No sé qué hacer para tener más amigos. _____

_____

5. Salgo de noche todos los fines de semana y por eso no estoy listo para las clases el lunes. _____

_____

6. Quisiera hacer ejercicio por la mañana antes de clase, pero me siento tan cansado cuando suena el despertador que no me puedo levantar. _____

_____

7. Me gustaría invitar a Isabel a salir conmigo, pero soy tímido y no sé si le caigo bien.

_____

_____

8. Quisiera hacer ejercicio por la mañana antes de clase, pero me siento tan cansado cuando suena el despertador que no me puedo levantar. _____

_____

9. Sueño con ingresar a la universidad el año que viene, pero la matrícula es muy cara.

_____

_____

Capítulo 4

La vida profesional

El bilingüismo en los Estados Unidos

En una comunidad hispana en los Estados Unidos, ¿quiénes necesitan saber hablar español? ¿Cuáles servicios existen para la gente hispanohablante de tu ciudad? Mira la lista a continuación y añade cuatro profesiones o campos adicionales que necesitan empleados bilingües.

bomberos

policía

gasolineros

empleados administrativos

enfermeras

farmacista

paramédicos

médicos

_____

_____

_____

_____

_____

_____

_____

_____

_____

_____

_____

_____

La policía en la comunidad

Capítulo 4

La vida profesional

◆ Vamos a escribir

A. Escoge una de las profesiones o trabajos de arriba. Busca a alguien en tu comunidad que trabaje en esa profesión. Vas a entrevistarlo(la) para saber más sobre el uso del español en su trabajo. Primero, completa el cuestionario que sigue.

1. ¿Dónde aprendió a hablar español? _____

_____

2. ¿Qué tanto usa el español en su trabajo? _____

_____

3. ¿Cuántos de sus colegas hablan español? _____

_____

4. _____

_____

5. _____

_____

6. _____

_____

7. _____

_____

8. _____

_____

B. Ahora, haz una cita con la persona que identificaste en la Actividad A. Ve a entrevistarlo(la) y hazle las preguntas de tu cuestionario. Luego, escribe un párrafo breve sobre tu entrevista y lo que aprendiste. ¿Te sorprendió algo que te dijo sobre el uso del español en su trabajo? ¿Qué fue?

_____

_____

_____

_____

_____

 # GeoVisión *Miami*

Antes de ver

A. ¿De qué tiene fama Miami? Completa la siguiente oración con la frase que creas que sea la más lógica.

Miami es famosa por…

_____ **a.** su comida mexicana.

_____ **b.** las misiones españolas.

_____ **c.** ser una capital latinoamericana en Estados Unidos.

Después de ver

B. Vuelve a a la Actividad A y haz un círculo alrededor de la respuesta correcta. En un grupo pequeño, hablen sobre la verdad de esa respuesta.

C. Pon los siguientes sucesos en la historia de Miami en el orden correcto.

_____ **a.** Muchos cubanos vinieron en 1959.

_____ **b.** Los Tequestas vivían en la región.

_____ **c.** Empezaron a llegar hispanos de casi todos los países.

_____ **d.** Los españoles establecieron una misión.

_____ **e.** Es un centro de comercio muy importante.

D. Completa las siguientes oraciones sobre Miami con las frases del cuadro.

Art Deco	Calle Ocho	Jai alai	Key Biscayne
La Pequeña Habana		Los Jardines Vizcaya	

1. _____ es un barrio cubano.

2. En marzo, mucha gente se reúne en _____ para celebrar la cultura cubana.

3. _____ es un parque magnífico.

4. Se conoce el distrito _____ por su arquitectura.

5. Más al sur se encuentra _____

6. _____ es un deporte que viene de España.

E. En una hoja aparte, escribe tus impresiones de Miami en un párrafo breve. Incluye todo el detalle que puedas para explicar tus sentimientos hacia la gran ciudad latinoamericana.

VideoCultura Comparaciones

Antes de ver

A. Empareja cada pregunta con la respuesta más lógica.

_____1. ¿Cuáles son algunos deportes populares?

_____2. ¿Qué deportes practicas tú?

_____3. ¿Hay competencias?

_____4. ¿Cómo salió el último partido?

a. Yo practico el béisbol.

b. Mi equipo perdió cinco a siete.

c. Sí, hay el campeonato estatal y el campeonato nacional.

d. El básquetbol y el béisbol son populares aquí.

Después de ver

B. En la lista a continuación, pon una ✓ junto a los deportes que se mencionan en las entrevistas.

_____el fútbol americano	_____el fútbol
_____el volibol	_____la lucha libre
_____el baloncesto	_____el atletismo
_____el béisbol	_____la natación

C. Completa el siguiente párrafo según lo que dice Danny en el video.

Los deportes que yo practico son _____, béisbol y el _____ . En cada

deporte, hay una _____ anual. Es muy grande y tiene _____ de todas partes

del estado. El último _____ de fútbol _____ el campeonato del estado por

tres a uno.

D. Contesta las preguntas de la Actividad A cómo si te fueran hechas a ti.

_____

_____

_____

_____

Antes de leer

Comparación y contraste. Al leer un texto, el lector frecuentemente hace comparaciones o contrastes entre sus experiencias y las experiencias de los personajes del cuento. De esta manera, el lector puede entender los motivos del personaje y puede determinar si está de acuerdo con las acciones del personaje o no.

Compara o contrasta. Compara o contrasta las siguientes situaciones con situaciones de tu vida. Después de leer el cuento *Unidad enemiga*, vuelve a tus respuestas y explica si tus experiencias fueron diferentes o similares a las de Diggie.

1. ¿Alguna vez has escuchado algo que no debieras haber escuchado? ¿Alguna vez has recibido alguna información sobre alguien que puedes usar en su contra? ¿Qué hiciste? _____

    _____

2. ¿Alguna vez has tratado de ayudar a uno de tus hermanos cuando están en un problema con tus padres? ¿Qué pasó? ¿Qué hiciste para ayudarle a tu hermano o hermana? _____

    _____

3. ¿Alguna vez te has encontrado en una situación comprometedora en la cual no quieres contestar las preguntas de la persona que te descubrió? _____

    _____

Vocabulario

Trabalenguas. Los **trabalenguas** son frases que son difíciles de pronunciar. «**Trabar**» quiere decir «*enredarse los pies, las piernas*». Al unirse el verbo «*traba*» con la palabra «*lenguas*» el significado se hace claro: «*se le ha trabado o enredado la lengua*». ¿Sabes algunos trabalenguas? Por ejemplo:

> **Tres tristes tigres tragan trigo en tres tristes trastos.**

Busca el trabalenguas que usa Diggie en el cuento *Unidad enemiga* para no contestar las preguntas de su hermana. Escríbelo y trata de pronunciarlo todo en un solo intento.

_____

_____

_____

Unidad enemiga

—Unidad femenina avanzando.

—Favor de avisar punto cardinal.

—Cruzando la calle de norte a sur.

—¿Unidad enemiga?

—Simón, Simón, unidad enemiga.

—¿Cantidad de soldados?

—Tres. Corrección: dos.

—¿Posición actual?

—Invadiendo territorio neutral. Abriendo la puerta. Entrando a la sala. ¡Diggie! ¡Corre! ¡Te van a pescar!

—¡Roger! ¡Corto y fuera!

Con esa despedida, apagué el walkie-talkie y «WAYcoolmente», como comandante en control, avancé hacia la puerta y la abrí un centímetro. Para analizar la situación. Para calcular los riesgos. ¿Quedar dentro del territorio enemigo y buscar sitio seguro? O ¿salir chisqueado[1] a territorio neutral y rezar para no ser descubierto? No había tiempo de consultar con Azerbaiyán, capitán, mi capitán. Había que tomar una decisión.

Estaba a punto de escapar del territorio enemigo cuando oí acercarse el triquitraque[2] de los tacones de Cindy, la mejor amiga de mi hermana. No había opciones. Rendirse no existía en el vocabulario del soldado. La bandera blanca era invento de cobardes. No había más. Tenía que enfrentarme al destino como Hombre. Pelear hasta la Muerte. Me tiré debajo de la cama. Era mi única salvación.

. . . .

1 corriendo rápido, deprisa   **2** ruido como de golpes desordenados y repetidos

—¡Tienes que platicarme! ¿Cómo lograste conseguir la cámara?

—Pues…

Noté algo raro en la voz de mi hermana santa al pronunciar esa chiquitita palabra.

—Anda, mujer, soy tu mejor amiga, si no puedes confiar en mí, entonces, ¿en quién?

Traté de no respirar. En ese segundo vi que mi mala fortuna empezaba a derretirse, como una paleta de limón en el verano.

—Dime la verdad. ¿Cómo conseguiste el dinero para comprar la cámara?

—Prométeme que nunca, te repito, nunca, bajo pena de muerte, repetirás lo que te voy a decir.

—De acuerdo, amiga-hermana. Unidas para siempre.

—Vendí el anillo.

Contener mi aullido[3] de victoria me fue casi imposible. Pero como el soldado excepcional que soy, me discipliné. Mi vida estaba en peligro. Se requerían medidas fuera de lo ordinario.

—Pero mujer, ¿te has vuelto loca? ¡Tu madre te va a matar! A ver, déjame tocarte la frente, tendrás fiebre, le diremos que en un momento de extrema calentura, cometiste esa locura…

—No, Cindy, no es así. Estoy bien. Mejor que nunca.

—Ay, Dolores. Me vas a causar una úlcera. ¿Cómo pudiste vender esa joya tan linda?

—Me importa más la cámara.

—Sí, sí, ya sé, tú y tus ilusiones cinematográficas.

«Adelante, Zimbabwe, ¿me escuchas? Repito, Zimbabwe, ¿estás bien?»

Allí estuvo el error. Se me había olvidado apagar el walkie-talkie.

Cuando mi hermana subió las enaguas[4] del colchón y me vio debajo de la cama, supe de inmediato que iba a tener que utilizar todos mis poderes de soldado.

. . . .

3 chillido **4** las faldas

Comprensión

*Contesta las preguntas de **Comprensión** en una hoja aparte.*

E. ¿Quiénes entran al cuarto? ¿Saben que está Diggie allí?

F. ¿De qué están hablando las chicas?

G. ¿Cómo consiguió Dolores la cámara?

H. ¿Qué piensa Diggie al oír eso? ¿Qué piensa Cindy?

I. ¿Cómo se dan cuenta las chicas que Diggie está debajo de la cama?

J. ¿Qué hace Dolores cuando encuentra a Diggie debajo de la cama?

—Comandante Zimbabwe, número cinco, tres, cuarenta y seis, noventa y ocho, cuatro, cero, dos.

Me pellizcó el brazo y con la fuerza de su ira me sacó de debajo de la cama.

—¿Qué diablos haces aquí?

—Comandante Zimbabwe, número cinco, tres, cuarenta y seis, noventa y ocho, cuatro, cero, dos.

—Diggie. No estoy jugando. ¿Qué haces aquí? ¿Qué oíste?

K. ¿Cómo responde Diggie a sus preguntas? ¿Qué finge ser?

Los soldados nunca deben admitir nada. Está escrito claramente en el manual: nunca, bajo ninguna circunstancia, incluso la posibilidad de muerte, dar información al enemigo. Recitar poemas, trabalenguas, cifras absurdas. Todo lo necesario para confundir al enemigo. Jamás, de ninguna manera, sin excepción, darse por vencido u ofrecer información que beneficie al enemigo.

—El rey de Parangaricutirimícuaro.

—Diggie.

—Se quiere desenparangaricutirimicuarizar.

—Diggie, no estoy jugando.

—El que lo desenparangaricutirimicuarice.

—¡Diego Montemayor Velasco!

—Gran desenparangaricutirimicuarizador será.

—Diggie, por favor. ¿Qué escuchaste?

—Dos y dos son cuatro. Cuatro y dos son seis. Seis y dos son ocho. Ocho y ocho dieciséis.

—Te lo juro, Diggie. ¡No conocerás los once años!

—Adelante, Zimbabwe. Unidad Materna acercando. Subiendo las escaleras.

—¡Jugar y Comer! ¡JUGAR Y COMER! ¡Lema de los civilizados!

Cindy, la diplomática que es, interrumpió mis disparates[5] militares.

. . . .

5 cosas absurdas

—Diego Montemayor Velasco. Si le dices a tu mamá que Dolores vendió el anillo, yo misma te voy a descuartizar.

En ese momento se abrió la puerta. Allí en toda su gloria, la Unidad Materna, irradiando amor por todos lados.

—Dieguito, mi vida, ¿cuántas veces te he dicho que no patines en la casa?

La evidencia estaba allí concretamente establecida en mis pies. Los patines. En mis pies. Sin modo de negarlo.

—Ay, mamá —le dije, comprando tiempo. Y en ese segundo vi la caja sobre la cama. La caja que tenía que ser la videocámara digital. A la vez Dolores y Cindy registraron la misma cosa.

Comprensión

Contesta las preguntas de **Comprensión** *en una hoja aparte.*

L. ¿Quién llega al cuarto? ¿A quién regaña primero? ¿Por qué cosa?

M. ¿Qué vio Diggie en la cama?

—¿Por qué no le preguntas a Dolores de Cabeza?— Sin pensarlo, patiné hacia mi madre y la abracé con ganas, casi tumbándola al piso. En su desequilibrio, no tuvo la oportunidad de ver a Loli mientras escondía la caja debajo de la cama.

—¡Mamá! Tengo hambre. ¿Me haces algo de comer?

—Sí, hijo, claro. Baja conmigo.

Luego volteó a dirigirle la palabra a Loli.

—Dolores. Viene tu madrina a cenar esta noche. Quiero que le enseñes tu anillo.

Saliendo del cuarto, agarrado de la mano de mi madre, volteé a darle una mirada potente a Loli. Una que no se le iba a olvidar. ¡Chantaje![6]

N. ¿Qué hizo Diggie para ayudarle a Dolores?

O. ¿Qué problema tiene al final Dolores?

. . . .

6 delito que consiste en obtener dinero o conseguir favores de una persona con la amenaza de revelaciones escandalosas

◆ ¿Qué piensas tú?

1. ¿Estás de acuerdo con Cindy o con Dolores sobre con la venta del anillo para comprar la videocámara? Explica. _____

_____

_____

2. ¿Te sorprendió que Diggie ayudó a Dolores cuando entró su mamá al cuarto? ¿Por qué sí o por qué no? _____

_____

_____

3. ¿Qué crees que va a hacer Dolores cuando llegue su madrina para ver el anillo? ¿Qué harías tú en su lugar? _____

_____

_____

◆ Ortografía

Las palabras llanas

◆ En el Capítulo 4, aprendiste que en las palabras de más de una sílaba siempre hay una sílaba tónica, que se pronuncia con más énfasis o intensidad que las otras. Las **palabras llanas** son las que llevan el acento tónico en la penúltima sílaba: *ban-co, ár-bol, pre-gun-ta, cua-der-no.*

La mayoría de las palabras en español son llanas. Ahora aprenderás sobre las palabras llanas y las reglas para acentuación escrita de estas palabras.

1. Las palabras llanas que terminan en una vocal, **-n** o **-s** no llevan acento escrito: *pin-ta-ba, re-cor-te, par-que, va-len-cia-no, or-den, pa-re-des.*

2. Algunas palabras llanas que terminan en vocal llevan acento diacrítico para distinguirlas de otras palabras que se escriben igual:
Estaba solo en el parque.   *Sólo vinieron dos personas.*
Habla como un loro.   *¡Cómo ha cambiado la ciudad!*

3. Las palabras llanas terminadas en **-ía** o **-ío** llevan un acento escrito sobre la í: *es-cri-bí-a, te-ní-a, des-va-rí-o, tí-o.*

4. Las palabras llanas que no terminan en vocal, **-n** o **-s** llevan acento escrito: *ál-bum, al-cá-zar, a-zú-car, cés-ped, es-té-ril, fá-cil, lá-piz.*

A. Todas las palabras siguientes son llanas. Escríbelas, dividiéndolas en sílabas y poniéndoles los acentos escritos necesarios. Después, explica por qué las palabras llevan o no llevan acento escrito.

1. caracter _____

2. tonteria _____

3. sonriente _____

4. mujeres _____

5. telescopio _____

6. angel _____

7. decia _____

8. util _____

9. fragil _____

10. ilusiones _____

 # Gramática: El futuro

El tiempo futuro se usa...

1. Al hablar de acciones futuras. En muchos casos, además del futuro, se puede usar el presente o la secuencia **ir a** + *infinitivo*:

   Mañana **traigo** *el dinero.*   *Mañana* **traeré** *el dinero.*

   Paso *por ti a las dos.*   **Pasaré** *por ti a las dos.*

   El doctor la **va a atender** *en un momento.*   *El doctor la* **atenderá** *en un momento.*

2. Para expresar el sentido de orden o mandato:

   No le **dirás** *nada a nadie.*   *Las tiendas* **estarán** *cerradas el día de las elecciones.*

3. Para expresar probabilidad o conjetura en el presente:

   *Alguien toca la puerta. ¿***Será** *el cartero?*   *¿Dónde* **estará** *Juanito?*

A. Olivia habla de su quinceañera que se celebrará este fin de semana. Escribe la primera serie de oraciones de nuevo, sustituyendo los verbos subrayados por verbos en el tiempo futuro.

Modelo   Mañana <u>tenemos</u> que llamar al fotógrafo.
Escribes: Mañana tendremos que llamar al fotógrafo.

1. El jueves mis amigas y yo <u>vamos</u> a las tiendas a escoger zapatos.

   _____

2. El viernes por la tarde me <u>pruebo</u> el vestido por última vez.

   _____

Capítulo 5   **55**

3. El sábado por la mañana me <u>hace</u> el peinado Yolanda, la peluquera de mamá.

_____

4. Mi hermano Pablo dice que algunos de sus amigos de la universidad <u>vienen</u> a la fiesta.

_____

Ahora imagina que Olivia está en su fiesta. Escribe las siguientes oraciones de nuevo, usando el tiempo futuro para expresar probabilidad.

5. Debe haber más de cien personas en la casa. No se puede ni caminar.

_____

6. Es posible que todos mis amigos ya estén aquí.

_____

7. Esos chicos allí deben ser los amigos de Pablo.

_____

8. Es probable que quiera presentármelos.

_____

B. Quedaste en hacer algo con unos amigos, pero ellos no aparecen en el lugar de reunión. Escribe dos párrafos breves acerca de la situación. En el primero, especula acerca de las razones por las cuales tus amigos no han llegado. En el segundo, expresa lo que harás tú solo(a) si no llegan, o lo que harán juntos si por fin llegan. Usa diez verbos en el tiempo futuro.

MODELO   *Carolina tendrá mucho trabajo en casa.*

_____

_____

_____

_____

_____

_____

_____

_____

_____

_____

_____

_____

_____

_____

_____

Capítulo 5

La vida profesional

Los medios de comunicación

¿Cómo obtienen las noticias los hispanohablantes en tu ciudad? Hoy día, hay muchos medios de comunicación en los Estados Unidos para los hispanohablantes: programación en español en los canales de televisión y radio; periódicos, revistas y otras publicaciones en español; y proveedores de acceso a Internet que se especializan en las noticias de Latinoamérica y España. Escribe dos canales, estaciones de radio, publicaciones o proveedores de acceso en tu comunidad en el cuadro de abajo.

Canales de televisión

_____

Estaciones de radio

_____

_____

Publicaciones

_____

_____

Proveedores de acceso de Internet

_____

_____

Capítulo
5

Programa de radio

La vida profesional

◆ Vamos a escribir

Escoge uno de los medios de comunicación que apuntaste en el cuadro de arriba. Luego, ve, escucha, lee, o conéctate al medio que escogiste. Escribe un párrafo breve que describa lo que escuchaste, leíste, o aprendiste del medio que no supieras antes. Si quieres, puedes escribir un cuestionario antes de participar en la actividad para estar más preparado(a) para tu experiencia. Por ejemplo, si escogiste un periódico, puedes preguntarte: *¿Contiene noticias internacionales el periódico o solo noticias locales?*

Cuestionario

_____

_____

_____

_____

_____

_____

_____

_____

Párrafo

_____

_____

_____

_____

_____

_____

_____

_____

_____

Capítulo
5

GeoVisión San José

Antes de ver

A. Escribe una lista de cinca edificios que esperas ver en una ciudad capital.

_____

_____

Después de ver

B. En la lista a continuación, pon una ✓ junto a las cosas que viste en el video.

_____acuario	_____plazas	_____museos
_____parques	_____puerto	_____mercados
_____monumentos	_____universidad	_____teatros
_____ruinas de templos	_____ayuntamiento	_____fábricas
_____biblioteca	_____hotel	_____catedral

C. Lee los siguientes comentarios. Junto a cado uno, escribe la letra del sitio que corresponde a la descripción.

> **a. Avenida Central**   **b. Edificio Metálico**   **c. La Sabana**
> **d. Monumento Nacional**   **e. Museo de Arte Costarricense**
> **f. Parque Central**   **g. Teatro Nacional**

_____**1.** Representa los países centroamericanos combatiendo contra William Walker.

_____**2.** Es la obra arquitectónica más importante de San José.

_____**3.** Está en un edificio que antes fue el aeropuerto internacional.

_____**4.** Está cerca del Teatro Popular Melico Salazar y la Catedral Metropolitana.

_____**5.** Es el corazón de San José: donde hay muchas tiendas y oficinas.

_____**6.** Diseñado en Bélgica, es donde está una escuela muy vieja.

_____**7.** Es un parque donde mucha gente hace deporte.

D. ¿Has viajado a San José? Si contestaste que sí, escribe un párrafo comparando tus impresiones de San José con las del video. Si no has viajado allí, escribe un párrafo que describa lo que pensabas de San José antes de ver el video y lo que piensas ahora. Escribe tu párrafo en una hoja aparte.

Capítulo
5

VideoCultura *Comparaciones*

Antes de ver

A. Contesta sí o no a las siguientes preguntas.

1. ¿Te das prisa para llegar a tiempo a las fiestas? _____

2. Si recibes una invitación para una fiesta que empieza a las ocho, ¿llegas a las ocho en punto? _____

3. ¿Es normal llegar una hora después de que empieza una fiesta? _____

4. ¿Se debe llegar a la hora indicada a una graduación? _____

Después de ver

B. ¿A quién o a quiénes se refieren los comentarios? Junto a cada uno, escribe la letra de la respuesta correcta.

a. Francesca	b. Viviana	c. Francesca y Viviana	d. ninguna

____1. Se da prisa para ir a una fiesta.

____2. Siempre llega a una fiesta de amigos una hora más tarde que la hora indicada.

____3. Si la invitación para una fiesta es a las ocho, llega entre ocho y ocho y media.

____4. Si la invitación para una fiesta es a las ocho, llega a las ocho y veinte, ocho y diez.

____5. Llega una hora después de que empieza una boda.

____6. Piensa que es normal llegar tarde a una fiesta de amigos.

____7. Piensa que se debe llegar a la hora indicada a las ocasiones formales.

C. En grupos pequeños, hablen sobre sus respuestas a la Actividad A. ¿Cómo se comparan tus respuestas con las del grupo y las de los entrevistados? Escribe dos oraciones en resumen de tu punto de vista y el de los entrevistados sobre la puntualidad.

_____

_____

_____

_____

Antes de leer

Las deducciones El buen lector **hace deducciones** mientras lee. El autor no siempre revela su mensaje de una manera directa, por eso es muy importante que el lector evalúe los detalles de un texto, conecte la información del texto con lo que ya sabe, y luego saque conclusiones basándose en su conocimiento previo y la información que le ha proporcionado el autor.

¿Qué deduces? Lee las siguientes oraciones del capítulo *¡Fuera!* y escoge la conclusión más lógica para cada una.

1. —Pero, madrina, es que mamá no me entiende.
   a. La narradora y su mamá siempre están de acuerdo.
   b. La narradora cree que su mamá no conoce los verdaderos deseos de su hija.

2. —No he hecho nada malo.
   a. La narradora sí ha hecho algo malo y se está defendiendo.
   b. La narradora cree que todas sus acciones han sido honorables.

3. —Hija, comprende algo: ocultar la verdad es igual que mentir. Y las mentiras hacen daño.
   a. La madrina cree que su ahijada ha mentido.
   b. La madrina cree que su ahijada ha dañado a alguien.

Vocabulario

El vocabulario especializado. El mundo de los deportes, y cada deporte en sí, tiene un vocabulario especializado. ¿Juegas al tenis? ¿Puedes emparejar la palabra deportiva con su equivalente en inglés?

1. punto para partido   **a.** double fault
2. el saque   **b.** set point
3. línea de fondo   **c.** serve
4. muerte súbita   **d.** match point
5. doble falta   **e.** tiebreaker
6. punto para set   **f.** baseline

A. ¿Quién es la narradora del cuento?

B. ¿De qué hablan Dolores y su madrina? ¿Están de acuerdo?

¡Fuera!

—Pero, madrina, es que mamá no me entiende.

—Entiende más de lo que crees.

—No. Mamá no me entiende a **mí**.

Vi en la cara de mi madrina su intento sincero de reconciliar mi punto de vista con el suyo, pero algunos espacios no se pueden cerrar.

—Hija. Tu mamá sólo quiere lo mejor para ti.

—¿Lo mejor? ¿¿LO <u>mejor</u>?? ¿¿¿PARA **MÍ**???

—Aunque no lo creas. Aunque no lo entiendas. Lo <u>mejor</u>. Para **TI**.

Mi madrina era para mí el modelo perfecto de la mujer realizada. Tenía su propio negocio. Era la jefa de unos veinte empleados. No dependía de nadie, ni en finanzas, ni en esperanzas ni en sus comidas de todos los días.

—¿Cómo es que mi madre, tan consciente de las necesidades de sus hijos, no puede comprender que su única hija, su única heredera, quiere dedicar su vida al cine?

—¿Sabe ella, de tus labios, que vendiste el anillo?

—Pues, de mis labios, no.

—¿De los labios de quién?

—De nadie.

—Entonces, ¿no se ha dado cuenta?

—Pues, creo que no. Diggie me está chantajeando y mi tío Sergio es el único que además sabe.

No pensé que tuviera importancia mencionar a Cindy.

—Se lo tienes que decir. Antes de que lo descubra de otra manera.

—No he hecho nada malo.

—Estrictamente hablando, no.

C. ¿Qué piensa Dolores de su madrina?

D. ¿Qué le sugiere su madrina a Dolores?

—¿Entonces?

—Hija, comprende algo: ocultar la verdad es igual que mentir. Y las mentiras hacen daño.

¿Qué me decía? ¿Qué quería que hiciera? Mi madrina a menudo me confundía. La quería con todo mi corazón, pero con frecuencia, no entendía sus admoniciones. A los dieciséis años, es fácil, es casi automático, dudar de los consejos de los adultos.

—Madrina, ¿podemos continuar esta conversación en algún otro momento? Ahora tengo que estar en las canchas de tenis del colegio para filmar los finales del torneo.

—¿Con tu cámara nueva? ¿La que compraste con las ganancias de la venta del anillo?

Su voz estaba empapada en un aire de acusación. No quise enfrentarla. Fingí no haber oído lo que me preguntaba. Recogí mis cosas de la cama y salí disparada. No tenía tiempo para deliberar el pro y el contra de no ofrecerles, por voluntad propia, la verdad entera a mis padres. Era un debate que realmente no me interesaba. ¿Y por qué me iba a interesar? Era un debate que no tenía ni la menor posibilidad de ganar.

En ese momento, en el centro de mis pensamientos existía solamente una cosa: mi primera película. Había pasado un sinnúmero de noches sin dormir, calculando, planeando, inventando, tratando de formular el concepto que triunfaría en el concurso. Para mí, en ese momento de mi vida, no veía nada, no registraba nada, no comprendía <u>absolutamente</u> nada que no tuviera que ver con mi primera película.

Una noche, cuando papá dejó la tele en el canal de ESPN, se me ocurrió que el deporte es un idioma especial de un tipo de joven: para él o ella el amor por su deporte es su identidad principal. El joven deportista no puede vivir y

Contesta las preguntas de **Comprensión** en una hoja aparte.

E. ¿Qué dice la madrina sobre las mentiras?

F. ¿Adónde tiene que ir Dolores?

G. ¿Cuál es la única cosa que le interesa a Dolores en ese momento?

H. ¿De que se trata su película? ¿Cuál es el título? ¿De dónde surgió la idea?

I. ¿Adónde le dijo Dolores a su mamá que iba?

no sabe quién es sin su identidad como futbolista, tenista, beisbolista, basquetbolista, volibolista o lo-que-sea-ista. El amor por su deporte les corre por la sangre. Es una característica que tienen desde el nacimiento: color de ojos, color de pelo, color de piel, deporte. De allí nació la idea y el título: «Nacionalidad: Deportista».

Le había dicho a mamá que iba a estudiar en casa de Cindy para no tenerle que explicar dónde iba a estar en realidad. Solitas, sin mi ayuda, las mentiras se iban multiplicando. Todo lo que quería y todo lo que me preocupaba era grabar los finales del torneo de tenis. Era la primera escena de mi primera película, la primera vez que iba a manejar una cámara con la meta de completar una narrativa visual. Sería mi debut como camarógrafa, directora y documentalista. Estaba preparada.

J. ¿Quién está jugando en los finales?

Llegué tarde, pero no importaba, porque sólo quería grabar algunos momentos durante varias competencias deportivas, ojalá momentos emocionantes. Hablé con el entrenador y me explicó que Javier, el mejor tenista del equipo y el capitán, iba ganando, aunque no fácilmente. Era el tercer set y estaban en muerte súbita.[1]

Me coloqué en un sitio donde los finalistas no me podían ver y la cámara no les molestaría. Senté la cámara en el trípode, ajusté el «zoom» y, sin pensar, empujé el botón que inició la grabación.

. . . .

1 *tiebreaker*

—Beto, ¿qué haces aquí?

—Vine a ser tu asistente.

Lo que pasó en los siguientes momentos pasó tan rápidamente que no tuve mucho tiempo para descifrarlo[2]. Era punto para partido[3] a favor de Javier. Javier sacaba[4]. Su oponente devolvió el saque[5] con un tiro fenomenal que dio muy cerca de la línea de fondo[6]. No hay árbitros en los torneos del colegio; todo se basa en el código de honor que nos enseñaron desde chicos. Javier gritó «¡Fuera!» y su oponente, alicaído[7], avanzó hacia la red para darle las felicitaciones.

Beto volteó a verme porque él había visto exactamente lo que yo había visto. La pelota había caído perfectamente dentro de la línea.

—¿Qué vas a hacer?

—¿Yo? ¿Por qué tengo que hacer algo YO?

—Porque tú tienes la cámara.

Beto tenía razón. La evidencia estaba en la cámara.

—Pero, ¿sabes? Puedes destruir la cinta. Y nadie se daría cuenta.

Ay, Betito, voz de las masas. Haz lo más fácil. Olvídalo. Pero la voz que inundaba mis facultades era la de mi madrina.

«Ocultar la verdad es igual que mentir. Y las mentiras hacen daño».

2 interpretarlo   3 *match point*   4 ponía la pelota en juego   5 *serve*
6 *baseline*   7 deprimido

K. ¿Quién llega a ayudarle a Dolores?

L. ¿Qué vieron Beto y Dolores?

M. Según Beto, ¿qué opciones tiene Dolores?

N. ¿Que sugiere Beto? ¿Está de acuerdo Dolores?

O. ¿A quién oye en su mente Dolores? ¿Diciendo qué?

¿Qué piensas tú?

1. ¿Estás de acuerdo con Dolores o su madrina en cuanto a la venta del anillo para comprar la cámara? Explica. _____

_____

_____

2. ¿Qué crees que Dolores debe hacer con la videocinta? ¿Por qué? _____

_____

_____

3. Según lo que sabes hasta este punto de Dolores, ¿qué crees que va a hacer? Explica. _____

_____

_____

 # Ortografía

Las palabras agudas, esdrújulas y sobresdrújulas

En el capítulo 5 aprendiste que las palabras llanas son las que llevan el acento tónico en la penúltima sílaba: *vie-jo, án-gel, tor-tu-ga, a-cei-tu-na.* En este capítulo aprenderás sobre otros tres grupos de palabras y su acentuación: las palabras **agudas**, las **esdrújulas** y las **sobresdrújulas**.

1. Las palabras agudas son las que llevan el acento tónico en la última sílaba: *co-mió, gen-til, rin-cón, flo-re-cer.*

2. Se les añade un acento escrito a las palabras agudas que terminan en vocal o en **-n** o **-s**: *na-dó, sem-bré, can-ción, de-trás.*

3. Las palabras esdrújulas son las que llevan el acento tónico en la antepenúltima sílaba. Todas las palabras esdrújulas llevan acento escrito, sin excepción: *rí-gi-do, pá-gi-na, me-tá-fo-ra, ex-plí-ca-me, es-tu-vié-ra-mos.*

4. Las palabras sobresdrújulas llevan el acento tónico en la preantepenúltima sílaba. Las palabras sobresdrújulas resultan al combinarse formas verbales con pronombres personales, pospuestos al verbo: *contesta* → *contéstamelo.* Todas las palabras sobresdrújulas llevan acento escrito, sin excepción: *can-tán-do-nos-la, a-prén-de-te-las, de-vuél-ve-me-los.*

Capítulo 6

A. Escribe las palabras siguientes en una hoja aparte, dividiéndolas en sílabas.
Luego indica si las palabras son llanas, agudas, esdrújulas o sobresdrújulas
y ponles los acentos escritos necesarios. Explica por qué las palabras llevan
o no acento escrito.

MODELO   rincon
Escribes: *rin-cón. Es aguda y lleva acento escrito por ser palabra aguda que termina en -**n**.*

1. piramide
2. sembramos
3. pantalon
4. reparemelo
5. panico

6. tapial
7. camara
8. severo
9. curiosidad
10. cesped

11. transportandonoslo
12. ademas
13. pelicula
14. pidaselos
15. durmio

Gramática: El presente perfecto del indicativo

El presente perfecto se usa...

1. Para referirse a hechos finalizados recientemente que tienen repercusiones en el
momento presente. En contraste, el pretérito simple se refiere a hechos que implican
otro tiempo más alejado y definitivamente concluido:

    *Pablo no **ha ido** a ver el Ballet Folklórico.* (pero todavía lo puede ver)
    *Pablo no **fue** a ver el Ballet Folklórico.* (mientras estuvo en la capital)

2. En muchos casos con expresiones adverbiales que indican frecuencia: *siempre, nunca,
alguna vez, muchas veces, hasta ahora últimamente, ya todavía*. En este caso, el presente
perfecto se refiere a acciones que han ocurrido (o no) varias veces a través del tiempo.
En algunos casos, también se puede usar el pretérito, pero a veces el significado varía.

    *Ernesto siempre **ha sido** muy travieso.* (y todavía lo es)
    *Siempre **fue** el más travieso de la clase.* (de niño)

A. El abuelo de Enrique está explicando cómo ha cambiado su vida durante
los últimos veinte años. Completa su explicación con la forma correcta del
presente perfecto.

1. Yo _____ _____ (ver) muchos cambios en mi vida.

2. La ciudad _____ _____ (crecer) mucho.

3. Muchas personas _____ _____ (empezar) a usar el transporte
público en vez de su carro.

4. ¡Y tú, Enrique! No me _____ _____ (visitar) tanto durante los
últimos años.

5. Pero nosotros _____ _____ (descubrir) otras maneras de
comunicarnos.

6. ¡Yo no _____ _____ (cambiar) mucho!

Capítulo
6

B. Contesta las preguntas de esta encuesta telefónica sobre las vacaciones.

    1. ¿Alguna vez has viajado al extranjero?

_____

_____

_____

    2. En tu opinión, ¿cuáles fueron las mejores vacaciones que tú y tu familia han tomado?

_____

_____

_____

    3. ¿Qué actividades les han gustado más a tus hermanos durante las vacaciones?

_____

_____

_____

    4. ¿Han visto algo extraordinario en algunas de sus vacaciones?

_____

_____

_____

Capítulo
6

La vida profesional

Los entrenadores

¿Cuál es tu deporte preferido? ¿Te gustaría trabajar en el campo del deporte algún día?

Primero, haz una lista de entrenadores de diferentes deportes.

1. entrenador(a) de fútbol

2. entrenador(a) de ejercicios aérobicos

3. _____

4. _____

5. _____

6. _____

7. _____

8. _____

Capítulo
6

Entrenador de fútbol enseñando a sus jugadores

La vida profesional

◆ Vamos a escribir

A. Ahora, escoge uno de los tipos de entrenadores que anotaste arriba, y haz una lista de preguntas que te gustaría hacerle. Busca a ese tipo de entrenador(a) en tu comunidad. Vas a entrevistarlo(la) para saber más sobre el uso del español en su trabajo. Primero, completa el cuestionario que sigue.

1. ¿Qué entrenamiento recibió? _____

_____

2. ¿Es útil el español en su campo? _____

_____

3. ¿Cuántos de sus clientes hablan español? _____

_____

4. _____

_____

5. _____

_____

6. _____

_____

7. _____

_____

8. _____

_____

B. Ahora, haz una cita con la persona que identificaste en la Actividad A. Ve a entrevistarlo(la) y hazle las preguntas de tu cuestionario. Luego, escribe un párrafo breve sobre tu entrevista y lo que aprendiste. ¿Sigues con tu intención de ser entrenador(a) en ese deporte? Explica tu respuesta.

_____

_____

_____

_____

_____

Capítulo
6

GeoVisión *Segovia*

Antes de ver

A. Mira a los edificios en las fotos de Segovia. ¿Qué crees que son? Escribe una oración que describa cada edificio y su función.

| 1. | 2. | 3. |

1. _____

2. _____

3. _____

Después de ver

B. Identifica cada foto en la Actividad A. Escribe el nombre del edificio en los espacios en blanco a continuación. Luego, pon una ✓ junto al edificio que actualmente funciona como museo.

> el Alcázar   la Casa de la Moneda   la Catedral
>   la Iglesia de Veracruz   el Real Sitio de la Granja

1. _____

2. _____

3. _____

C. Determina si los siguientes comentarios son **C (ciertos)** o **F (falsos)**, según el video.

_____**1.** Segovia es una ciudad grande.

_____**2.** Los romanos construyeron el acueducto de Segovia.

_____**3.** Hay muchas iglesias románicas en Segovia.

_____**4.** La Casa de Moneda es un edificio industrial muy viejo.

_____**5.** El Real Sitio de la Granja fue construido por un poeta.

Capítulo **6**

VideoCultura *Comparaciones*

Antes de ver

A. ¿Cómo eras cuando tenías diez años? ¿Qué hacías para divertirte?

_____

_____

_____

_____

Después de ver

B. En la siguiente lista, pon una ✓ junto a las actividades que Jeremy, Mercedes y Paolo hacían para divertirse cuando eran niños.

_____ salir al cine	_____ montar en bicicleta
_____ dormir en casa de familiares	_____ echar carreras
_____ saltar a la comba	_____ jugar fútbol
_____ jugar con muñecas	_____ hacer travesuras

C. Escribe la letra de la persona junto al comentario al que se refiere.

> **a. Jeremy**   **b. Mercedes**   **c. Paolo**   **d. Mercedes y Paolo**

____**1.** Era tímido en la escuela.

____**2.** Era una persona alegre y extrovertida.

____**3.** Le gustaba mucho montar en bicicleta.

____**4.** Se llevaba bien con todos los chicos del barrio.

____**5.** Algunos niños le caían peor que otros.

____**6.** Le encantaba cantar en la ducha.

____**7.** Le fastidiaba cuando no le dejaban salir a jugar.

D. De las personas entrevistadas, ¿a quién más te pareces? Explica tu respuesta.

_____

_____

Capítulo 6

Antes de leer

Estrategia

La palabra principal. Ésta es una estrategia útil porque ayuda al lector identificar el tema de una lectura. El lector divide el texto en fragmentos o párrafos, y escoge palabras claves, o sea, las palabras que parecen contener el mensaje que quiere comunicar el autor. Al usar esta estrategia el lector aprende a identificar la idea principal de un texto y a hacer inferencias y generalizaciones.

El primer párrafo. Lee el primer párrafo del cuento *Amor secreto*. Escoge las palabras que en tu opinión son las más importantes. Luego, explica tu elección y contesta las preguntas que siguen.

> Le dije que no lo hiciera. Estaba seguro de que no comprendía en absoluto las consecuencias sociales de desenmascarar a un héroe deportista. Pero no había modo de convencerla. Me parecía más fácil trasladar a Europa una de las cabezas de los presidentes de Mount Rushmore que hacerla cambiar de opinión.

1. ¿Te ayudó el título a decidir cuáles son las palabras principales del texto? _____

_____

_____

2. ¿Por qué crees que las palabras que escogiste son las más importantes? _____

_____

_____

3. Basándote en las palabras principales que escogiste, ¿de qué crees que se va a tratar el cuento? ¿Por qué? _____

_____

_____

◆ Vocabulario

Palabras de emoción. Algunas palabras llevan un cierto grado de emoción. Por ejemplo, compara la palabra «**revelar**» con la palabra «**desenmascarar**». ¿Cuál tiene un grado más fuerte de emoción? Busco en el cuento seis palabras que tienen un grado fuerte de emoción y entonces escribe un sinónimo menos potente.

1. _____   **4.** _____

2. _____   **5.** _____

3. _____   **6.** _____

A. ¿Quién es el narrador del cuento?

Amor secreto

Le dije que no lo hiciera. Estaba seguro de que no comprendía en absoluto las consecuencias sociales de desenmascarar[1] a un héroe deportista. Pero no había modo de convencerla. Me parecía más fácil trasladar[2] a Europa una de las cabezas de los presidentes de Mount Rushmore que hacerla cambiar de opinión.

—No sabes lo que haces.

—Beto. Por favor. Sé muy bien lo que hago.

—Pero, Loli…

La mirada que me lanzó me clavó una flecha en el corazón. Era una mirada con la cual estaba muy familiarizado.

—Perdona. *(pausa)* Dolores. *(pausa)* Piénsalo bien, por favor. Javier es un muchacho que…

—¿Que qué? ¿Que ganó un campeonato por medios fraudulentos?

—Son palabras fuertes, Dolores. A lo mejor vio la pelota como lo declaró. Admite, Dolores. A esa velocidad, es imposible saber.

—La cámara no miente.

—Pero en ese instante, Javier no tenía la ventaja de una cámara.

—Ni la desventaja.

Paré el columpio y me puse de pie. Como lo había hecho miles de veces antes, me coloqué detrás de ella y le di un vigoroso empujón. El arco de su movimiento hacia el cielo, con el pelo flotando contra el aire y el sol amplificando su perfil, me transportó al día en que la conocí. En este mismo patio de recreo, sobre este mismo columpio. Era el primer día de escuela y teníamos la gran y sabia edad de siete años.

B. ¿De qué hablan Beto y Dolores? ¿Qué piensa Beto? ¿Qué piensa Dolores?

C. ¿Dónde están?

. . . .

1 revelar la verdad   **2** transportar

—¿Qué miras?

—Nada.

—¿Qué quieres?

—Nada.

—Pues, vete, entonces.

Jamás, en mi corta vida, había sido tratado con tanto desagrado por una persona del sexo opuesto. Hijo único con tres hermanas y varias tías, yo creía que el mundo femenino, sin excepción, me adoraba. Qué sorpresa encontrar a una chiquitilla que me rechazaba. Allí mismo, a pesar de su manera brusca y sus palabras desafiantes[3], me picó la mosca del amor. Y si soy sincero, que no siempre me conviene, es una picada de la cual todavía no me recupero.

Comprensión

*Contesta las preguntas de **Comprensión** en una hoja aparte.*

D. ¿De qué se recuerda Beto?

E. ¿Le sorpendió a Beto cómo lo trató la pequeña Dolores?

F. ¿Qué le pasó a Beto ese día?

—Dolores.

—Sí, Beto.

—Hazme el favor de recapacitar[4].

—Gilberto.

Cada vez que pronuncia las tres sílabas de mi nombre de pila de esa manera, suave pero marcadamente, siento en la profundidad de mi estómago un temblor que en la escala de Richter podría destrozar una ciudad del tamaño de Nueva York. No me explico por qué no ha habido una mujer presidenta en este país. Les es tan fácil controlarnos.

—Sabes muy bien por qué no puedo. No tengo más remedio.

—¡No es verdad! ¡Tienes muchas alternativas!

—¿Como qué? ¿Borrar el video y olvidarlo? Después de tantos años, ¿cómo puedes creerme capaz?

. . . .

3 provocadoras **4** reconsiderar

G. ¿De qué quiere convencer Beto a Dolores? ¿Por qué?

H. ¿Qué tiene que hacer Dolores primero? ¿y luego?

I. ¿Cómo se sentía Dolores sobre el accidente de su tío? ¿Y cómo se comportó cuando lo vio en el hospital?

Dolores no entiende o, quizás entiende pero no respeta, la zona de protección que rodea al deportista exitoso. Javier, en sus batallas deportivas, ha logrado conseguir el estatus semidivino del soldado que regresa victorioso de la guerra. Armado con sus trofeos y sus medallas de honor, su público lo recibe con una adoración ciega que no le permite ninguna debilidad. A la que dude de él, se la tragarán. Viva.

—Tengo que enseñarle el video a Javier. A ver qué hace.

—Y ¿si no hace nada?

—Entonces voy a tener que dárselo al entrenador.

Se bajó del columpio y desapareció en el anochecer antes de que yo pudiera formular mi respuesta.

Dolores no es como las otras… Aquella noche, cuando recibimos la llamada avisándonos del estado crítico de su tío, pensé que con la catarata continua de sus lágrimas, iba a crear un nuevo océano. No pude consolarla, le llevé flores, le llevé chocolates, traté de distraerla, traté de recordarle quién era: la muchacha de la risa en los ojos. Aunque estaba hecha pedazos, en el momento en que se presentó ante su tío, no exhibió nada de esa tristeza. Para él se transformó en la chica alegre que no quería nada más que pasar unos momentos chéveres con su tío predilecto[5].

J. Según Beto, ¿cómo es Dolores?

Sin embargo, tiene unas faltas de percepción gigantescas. Cuando se le mete una idea a la cabeza, olvídate de quitársela. Es obstinada, persistente y cabezuda. Este lío con Javier es un ejemplo perfecto: ¿por qué no puede dejarlo a un lado? En realidad, es una situación que no le concierne. La verdadera batalla está entre Javier y su conciencia, no entre Dolores y su versión de la justicia. Pero cuando está segura que se ha cometido un mal, cree que tiene la responsabilidad de corregirlo.

- -

5 preferido

Al día siguiente, estaba sacando mis libros del lóquer cuando vi a Dolores hablando con Javier en el pasillo. Me acerqué porque no puedo deshacerme de la estúpida idea de que Dolores necesita protección (no la necesita) y de que yo soy su protector (nadie lo es).

—¿Qué es esto?

Javier tenía en las manos un video. Lo estaba mirando y tocando como si fuera una serpiente.

—Es un video del último punto del campeonato que acabas de ganar.

Hubo una pausa marcada en su reacción. La comprensión de las palabras de Dolores lo golpeó como un relámpago. Se alteró visiblemente: el deportista carismático se transformó en animal amenazado. Vi evaporarse mis esperanzas de su inocencia cuando empezó a destruir el video. En los segundos que tardé en ponerme al lado de Dolores, Javier ya tenía más de la mitad de la cinta desenrollada y fuera de la caja de plástico.

—¿Y ahora qué vas a hacer?

No me gustó su aire de amenaza. Caballero al rescate.

—Hombre, cuidado con quien hablas.

—Gracias, Beto, pero no necesito que me defiendas.

Caballero humillado se retira silenciosamente.

—¿Que qué voy a hacer? Voy a darle una copia a tu entrenador. Para que vea cómo ganaste.

—Vas a cometer un error.

—Supongo que no es el primero y no será el último.

Los dos se marcharon dejándome allí en medio del pasillo con el video y el orgullo destruido.

Amor secreto, corazón descontento.

Comprensión

Contesta las preguntas de Comprensión en una hoja aparte.

K. ¿A quién vio Beto en el pasillo del colegio? ¿Qué estaban haciendo?

L. ¿Cómo reacciona Javier a las noticias de Dolores? ¿Qué hace con la videocinta?

M. ¿Qué hace Beto? ¿Qué le dice Dolores?

N. ¿Cómo se siente Beto cuando se van Dolores y Beto?

¿Qué piensas tú?

1. ¿Crees que Beto tiene razón en cuanto a su actitud hacia el video de Javier or no? Explica.

_____

_____

2. ¿Crees que los sentimientos románticos de Beto hacia Dolores afectan su actitud hacia la situación con el video? _____

_____

_____

3. ¿Crees que Dolores actuó apropiadamente? ¿Por qué si o por qué no? _____

_____

_____

 Ortografía

Los diptongos

El **diptongo** es la combinación de dos vocales que se pronuncian en una misma sílaba. Entre las cinco vocales en español, la **a**, la **e** y la **o** se consideran vocales fuertes y la **i** y la **u** débiles. Los diptongos resultan cuando se combinan dos vocales débiles (*fui, ciu-dad*), una vocal fuerte con otra débil (*ai-re, oi-go*) o una vocal débil con otra fuerte (*dio-sa, con-ti-guo*). Hay catorce combinaciones que forman diptongo:

ai, ay:	*baile, hay*	**iu:**	*viuda*
au:	*auto*	**oi, oy:**	*heroico, soy*
ei, ey:	*reina, ley*	**ou:**	*bou*
eu:	*reunir*	**ua:**	*agua*
ia:	*limpia*	**ue:**	*fuego*
ie:	*piel*	**ui, iy:**	*cuidado, muy*
io:	*violento*	**uo:**	*cuota*

A. Pronuncia la palabra correcta y subraya la forma correcta.

1. cuidado/ciudado
2. béisbol/biesbol
3. peil/piel
4. guerra/geurra
5. despeus/después
6. aere/aire
7. antiguo/antigou
8. traiga/triaga

B. Escribe las siguientes oraciones de nuevo, corrigiendo las palabras mal escritas.

1. ¿Pudieron al fin averigaur la cuasa del incendio?

_____

_____

2. Por favor, no hagan riudo, que el abeulo está durmiendo.

_____

_____

3. No me gustan las cuidades grandes, prefiero los peublos pequeños.

_____

_____

4. Después de que se quedó vuida, la señora se mudó a una neuva casa.

_____

_____

5. Sigue todo derecho y leugo dobla a la izqueirda en la Avenida Diez y Sies de Septiembre.

_____

_____

6. Nosotros tenemos que llegar al colegio a las seite y caurto.

_____

_____

7. La riena de España llega el neuve de noveimbre.

_____

_____

8. Si vas a jugar en la neive, ponte los gauntes.

_____

_____

9. Mis tíos me regalaron una barra de chocolate siuzo para mi cumpleaños.

_____

_____

10. Caundo vayas a Ecaudor, ¿peudes comprarme un sombrero y un suéter, por favor?

_____

_____

Capítulo 7

Gramática: El presente perfecto del subjuntivo

En los casos que exigen el uso del subjuntivo en las cláusulas subordinadas, se usa el **presente perfecto del subjuntivo** para referirse a acciones ya completas en el momento presente. Nota el contraste entre el presente del subjuntivo y el presente perfecto del subjuntivo.

> *Me alegra que te **guste** la idea.* (presente del subjuntivo)
> *Me alegro que te **haya gustado** la idea.* (presente perfecto del subjuntivo)

A. Completa las siguientes oraciones usando el presente perfecto del subjuntivo del verbo entre paréntesis.

1. Personalmente, yo no creo que el mago se _____ (comunicar) con el público por telepatía.

2. Dudo que ese doctor _____ (escribir) un tratado sobre la depresión.

3. Me alegra mucho que los estudiantes _____ (cubrir) todos los requisitos.

4. Es imposible que Raúl _____ (obtener) tan buenas notas en álgebra.

5. Ojalá que yo no _____ (perder) el avión por ir muy tarde.

6. Es maravilloso que tú _____ (resolver) tu problema con tus padres.

7. Es increíble que esos estudiantes _____ (escribir) esa obra de teatro tan sofisticada.

8. Me alegra mucho que usted _____ (volver) a visitarnos.

B. Escríbele una carta electrónica a un(a) amigo(a). En la carta, menciona lo que ha pasado últimamente y tus reacciones a los acontecimientos recientes. Usa por lo menos ocho verbos en el presente perfecto del indicativo o del subjuntivo.

_____

_____

_____

_____

_____

_____

_____

_____

_____

_____

_____

_____

Capítulo 7

La vida profesional

La publicidad

Muchos productos de arreglo personal como el champú, la pasta de dientes, el jabón o el maquillaje tienen nombres o marcas en español o información escrita en español. Busca en una revista o en la televisión algunos anuncios publicitarios en español para varios productos de este tipo. Escribe por lo menos seis productos que encontraste.

1. _____
2. _____
3. _____
4. _____
5. _____
6. _____

Proceso creativo

Capítulo 7

Capítulo
7

La vida profesional

 Vamos a escribir

A. Escoge uno de los productos que anotaste arriba. Apunta seis atributos positivos de ese producto. Ten en cuenta que vas a escribir un anuncio publicitario para ese producto, así que los atributos deben de ser atractivos y positivos.

1. _____
   _____

2. _____
   _____

3. _____
   _____

4. _____
   _____

5. _____
   _____

6. _____
   _____

B. Escribe un anuncio publicitario para el producto que escogiste. Quieres venderle este producto a la comunidad hispanohablante. Escribe un lema publicitario y una descripción del producto que atraerá al público que deseas. ¡Sé creativo(a)! Incluye un dibujo o una foto del producto si quieres.

_____
_____
_____
_____
_____
_____
_____
_____
_____

Capítulo
7

Nombre _____ Clase _____ Fecha _____

 GeoVisión *San Juan*

Antes de ver

A. En un grupo pequeño, escriban una lista de cosas que asocian con San Juan, Puerto Rico y el Caribe.

_____

_____

Después de ver

B. Identifica las siguientes fotos. No hace falta usar todas las palabras en el cuadro. Después de que las identifiques, escribe una oración sobre lo ya que sabes de ese sitio.

el capitolio	la Casa Alcaldía
la catedral	Isla Verde
El Morro	
Plaza del Quinto Centenario	

1.   2.   3.

1. _____

2. _____

3 _____

C. Lee los siguientes comentarios sobre San Juan. Marca cada comentario con una **C** (**cierto**) o una **F** (**falso**), según el video.

_____**1.** Fue fundado por Cristóbal Colón.

_____**2.** Es la segunda ciudad más antigua de las Américas.

_____**3.** Tiene dos fuertes: El Morro y San Cristóbal.

_____**4.** Su catedral es la más moderna de América.

_____**5.** Es el segundo puerto más grande de este lado de las Américas.

_____**6.** Isla Verde tiene las oficinas de los senadores y los representantes.

D. Si tuvieras que escribir un folleto turístico sobre San Juan, Puerto Rico, ¿qué incluirías? En una hoja aparte, escribe un párrafo que convenza a los viajeros que visiten San Juan.

Capítulo 7 **83**

VideoCultura *Comparaciones*

Antes de ver

A. ¿Qué fiesta especial se celebra en tu comunidad? ¿Qué comida(s) se prepara(n) para esa ocasión? Da todo el detalle que puedas.

_____

_____

Después de ver

B. Escribe la letra de la respuesta correcta en el espacio en blanco.

1. Géynar es de____.
   a. Cuzco   **b.** San Juan   **c.** Santo Domingo

2. La fiesta más importante de allí es ___.
   a. Navidad   **b.** Corpus Cristi   **c.** Año Nuevo

3. En esa fiesta se come ____.
   a. arroz con gandules   **b.** arroz con leche   **c.** chiriuchu

4. Esa comida es a base de ___.
   a. arroz   **b.** cui   **c.** especias

5. En Puerto Rico celebran ____.
   a. Cinco de Mayo   **b.** Nochebuena   **c.** Hanukah

6. Tembleque es ___.
   a. una bebida   **b.** un postre   **c.** una sopa

7. El tembleque se prepara con ___.
   a. cui   **b.** arroz   **c.** leche

8. Para hacer arroz con gandules, primero se sofríe ajíes, pimiento y ___.
   a. coco   **b.** canela   **c.** cebolla

9. Nivia cocina el arroz con gandules ____.
   a. entre familia   **b.** para Corpus Cristi   **c.** de postre

C. Si eres puertorriqueño(a), o si conoces a un puertorriqueño(a), o si hayas visitado Puerto Rico alguna vez, escribe un párrafo sobre tus impresiones de la isla, la comida, la gente y las tradiciones.

_____

_____

_____

_____

8

Antes de leer

El orden cronológico. La mayoría de los textos cuentan la historia de los protagonistas en orden cronológico. Es decir, en el orden temporal en que ocurren los acontecimientos. De esta manera, el desarrollo del cuento imita la vida: primero pasa una cosa, luego otra, luego otra. Al leer un cuento, es importante notar el orden cronológico de los sucesos.

En orden. Pon las siguientes oraciones en el orden cronológico que supones es el más lógico. Luego, después de leer el cuento *Rompecorazones,* vuelve a tu orden cronológico para confirmar si adivinaste correctamente.

1. ____ Javier le explica su situación a Cindy.

2. ____ Javier llama a Cindy para hacer una cita.

3. ____ Dolores y Cindy se pelean.

4. ____ Javier le pide un favor a Cindy.

5. ____ Cindy se enamora de Javier Pérez Portas.

6. ____ Cindy se encuentra con Javier en el centro comercial.

7. ____ Cindy va a la casa de Dolores para hablar con ella.

8. ____ Javier parece estar deprimido.

◆ Vocabulario

Palabras compuestas. Una **palabra compuesta** es una palabra que se forma de dos o más palabras. Ya sabes muchas palabras compuestas en español como **cumpleaños, sinvergüenza** y **aguafiestas**. Explica qué quieren decir las siguientes palabras compuestas. ¿Por qué crees que quieren decir eso?

1. un rompecorazones _____

_____

2. un rompecabezas _____

_____

3. el hazmerreír _____

_____

4. un santiamén _____

_____

Contesta las preguntas de Comprensión en una hoja aparte.

A. ¿Quién es la narradora del cuento?

B. ¿De quién esta enamorada Cindy?

Rompecorazones

¿Sabes como pasas años deseando que un chico en particular te salude, se fije en ti, te llame, te pida la hora, lo que sea, no más que se dé cuenta de tu existencia? Para mí ese chico es y siempre ha sido Javier Pérez Portas, capitán del equipo de tenis y rompecorazones en general.

No es que no haya salido con otros, porque sí lo he hecho, hasta he tenido una u otra relación semiseria. Desde muy temprano supe que esperar a Javier sería no sólo ridículo sino también un gran desperdicio de mi juventud y de los años superdivertidos de la escuela secundaria. La verdad es que tengo un sentido muy práctico cuando se trata de los asuntos del corazón.

Sin embargo, con el tiempo había construido un sitio especial en mis cariños para el mentado Javier. Pasaba meses sin verlo ni nada hasta que lo veía en la cafetería o en el pasillo y reconocía por la aceleración de mi pulso que mis sentimientos no habían cambiado.

C. ¿Quién llama a Cindy? ¿Qué quiere?

D. ¿Dónde se citan?

E. ¿De qué humor está Javier cuando lo encuentra Cindy?

Imagínate el estallido[1] de emociones en mi cabeza cuando contesté el teléfono y era él. ÉL. Quería verme. Necesitaba hablar conmigo. Con-MI-go. Nos citamos más tarde en el centro comercial cerca de mi casa. El ángel de los deseos por fin me había escuchado y no había nada ni nadie que me quitara ese momento de pura alegría.

Cuando llegué, Javier ya estaba sentado en una mesa de la heladería. Se levantó a saludarme y estoy más que segura que se enrojeció mi mejilla cuando la besó. Traté de aparentar[2] una calma que no sentía.

—Javier.

—Cindy.

Inmediatamente noté por su tono de voz que estaba deprimido.

—Javier, ¿qué te pasa?

—Eres buena amiga de Dolores Montemayor, ¿verdad?

—Sí, claro, todo el mundo sabe que desde niñas hemos sido de las mejores amigas.

. . . .

1 explosión **2** simular, fingir

Esto lo incomodó.

—¿Por qué preguntas?

—¿Has hablado de mí con ella?

¿Cómo contestar? Había hablado de él con ella un sinnúmero de veces. ¿Cuántas veces no habíamos examinado la posibilidad de que algún día, mágicamente, él se enamoraría de mí? Notó mi vacilación[3] y añadió:

F. ¿Qué quiere saber Javier?

—¿Recientemente? ¿Has hablado con ella de mí recientemente?

Esta vez no vacilé. La verdad era que Dolores ahora me prohibía hablar de algo que no tenía solución y que sólo me inquietaba. Era su modo de protegerme. No quería que me hiciera daño con sentimientos autodestructivos.

—No, últimamente, no.

Vi pasar por su cuerpo un suspiro de alivio, pero aún tenía la incómoda sospecha de que se iba a echar a llorar.

—Mira, tengo un problema, un problema gordo, y tú eres la única que me puede ayudar.

No tenía que decir más. Estaba lista para atacar cualquier cosa o persona que lo impidiera. Con los ojos le imploré que siguiera.

—En un momento de pánico hice algo estúpido, algo de lo cual no estoy nada orgulloso. Pero es algo que no puedo cambiar y si se entera todo el mundo, me puede perjudicar[4] para siempre.

G. ¿Cuál es el problema que tiene Javier?

¿A qué se estaba refiriendo? ¿Cómo lo iba a poder ayudar YO?

—Mira, no soy chapucero[5]. Jamás en mi vida he hecho nada semejante. Pero es que estaba tan nervioso y quería ganar tanto, para mis padres, para el colegio…

H. ¿Sabe Cindy a que se refiere Javier?

Aquí dejó de hablar y trató de luchar contra las lágrimas que se formaban en sus pestañas.

—Javier, tranquilo, no sé de qué hablas.

Puse mi mano sobre la suya y él me agarró la otra con una fuerza que francamente me asustó.

—Antes de darme cuenta, ya había gritado "Fuera" y aunque vi que la pelota no había caído fuera, ya era demasiado tarde y muy vergonzoso cambiar de decisión. Te lo juro, Cindy, fue un error sincero.

. . . .

3 indecisión **4** dañar **5** tramposo

I. ¿Qué quiere Javier que haga Cindy para ayudarlo?

J. ¿Piensa Cindy que ella pueda ayudarlo?

K. ¿Adónde la invita Javier? ¿Acepta?

L. ¿Adónde va Cindy después de despedirse de Javier?

—Te creo, Javier, pero ¿qué tiene que ver todo esto conmigo?

—Dolores lo tiene grabado.

La cámara. El concurso del Web. Las llamadas no devueltas… Las piezas del rompecabezas se iban organizando. Por eso no la había visto los tres últimos días. ¡No quería hablar de esto conmigo!

—¿Me puedes ayudar?

—¿Qué quieres que haga?

—Pídele que no le dé el video a mi entrenador.

—¿Es lo que te dijo que iba a hacer?

—Sí.

—No sé, Javier. ¿Para qué te prometo? Es casi imposible hacer que Dolores cambie de opinión.

Bajó la cabeza, vencido. Sentí como que alguien me había dado un golpe en el estómago.

—Pero de todos modos lo intentaré.

Me miró con una cara repleta de gratitud. Qué horrible ver a tu héroe herido. Recogí mi bolsa de la mesa y me levanté para irme.

—Cindy, mira, si quieres ir al baile del sábado, me encantaría…

—No me debes nada, Javier. Pero gracias de todos modos. Nos vemos, ¿eh?

Llegué a la casa de Dolores desde el centro comercial en un santiamén[6].

—¡Unidad femenina avanzando!

—¿Dónde está tu hermana?

—En su cuarto. No ha salido en todo el fin de semana.

Entré a su cuarto sin tocar. Abrí y cerré la puerta con fuerza. Echó su revista a un lado y me miró perpleja.

—¿Cómo me pudiste haber hecho eso?

—¿A ti? ¿Qué te hice a ti?

—¿Por qué no me lo dijiste?

—Espera un momento, tranquila.

. . . .

6 instante

—¿Por qué no me dijiste que tenías ese video de Javier?

—Mírate. Precisamente porque sabía cómo ibas a reaccionar.

—Dolores. Javier está deshecho. No puede dormir. No puede jugar tenis. No come.

—No seas tan ingenua.

—Me pidió que hablara contigo. No quiere que le enseñes el video a su entrenador.

—Claro que no lo quiere. En su lugar, ¿quién lo querría?

—No es un chico malo, Dolores. Tomó una mala decisión en un momento de nervios. ¿Por qué no lo puedes dejar así?

—No es problema mío. Él sabe lo que tiene que hacer.

Comprensión

*Contesta las preguntas de **Comprensión** en una hoja aparte.*

M. ¿Cómo defiende Cindy las acciones de Javier?

Aunque sin duda alguna es mi más íntima amiga en todo el santo mundo, a veces me vuelve loca. Es como que cuando estaban armando a Dolores, se les olvidó instalar el cable que conecta el intelecto al corazón.

—¿No se te ocurre que tu rompecorazones tenista te escogió a ti para que lo representaras en esta situación precisamente porque sabe que le tienes un gran afecto y que somos tan amigas?

—Eso no tiene nada que ver, Dolores. Le vas a arruinar la vida, y ¿para qué?

—En nombre de la verdad.

—¿En nombre de la VERDAD? Eso sí que está bueno, Dolores. Si quieres hablar de la verdad, ¿por qué no hablamos de tu anillo?

Eso la calló. Dolores reconoce cuando no tiene jugada.

—Además, es igual de fácil para mí hablar con tu mamá que para ti darle ese video al entrenador. Yo te puedo poner en la misma situación en que quieres poner a Javier.

—No me amenaces, Cindy. Por favor. En nombre de nuestra amistad.

—No son amenazas, Dolores. Son verdades, tú que estás tan enamorada de la verdad.

Di la vuelta para salir. El silencio nos tragaba.

—Y si quieres saber otra verdad, Dolores, tú eres la que me ha roto el corazón, no Javier. Él por lo menos tiene corazón.

N. ¿Cómo responde Dolores?

O. ¿A qué situación compara Cindy la situación de Javier?

P. ¿Se separan enojadas? ¿Cómo sabes?

. . . .

¿Qué piensas tú?

1. Según Cindy, ¿lo que hizo Javier fue malo? ¿Tiene razón? ¿Por qué sí o por qué no? _____

_____

_____

2. ¿Crees que los sentimientos románticos de Cindy hacia Javier afectan su percepción de la

situación? Explica. _____

_____

_____

3. ¿Tiene razón Cindy cuando insinúa que la mentira de Dolores sobre el anillo es igual que

la mentira de Javier sobre el partido? Explica. _____

_____

_____

Ortografía

Los hiatos

◆ El **hiato** es lo contrario de un diptongo. El hiato es la pronunciación de dos vocales contiguas en dos sílabas distintas: *ma-es-tro, ba-lan-ce-o, son-rí-e, con-ti-nú-a*. Los hiatos resultan cuando hay dos vocales fuertes contiguas (*tra-er, pe-or, le-er*), una vocal fuerte y una vocal débil tónica (*ra-íz, o-í-do, ba-úl*) o una vocal débil tónica y una vocal fuerte (*pú-a, a-le-grí-a*).

◆ Las palabras que tienen vocales en hiato siguen las reglas generales de acentuación: *le-ón, po-e-ma, ca-ó-ti-co*. Si un hiato se forma con una vocal débil tónica (**i** o **u**), ésta siempre lleva acento escrito: *cre-ís-te, ca-í-da, ac-tú-o*.

A. Pronuncia las siguientes palabras y luego escríbelas, dividiéndolas en sílabas. Identifica el diptongo o el hiato en cada palabra.

1. puerta _____

2. ataúd _____

3. agua _____

4. baúl _____

5. calendario _____

6. causa _____

7. cuaderno _____

8. María _____

9. peine _____

10. feria _____

Capítulo
8

B. En cada una de las siguientes oraciones hay por lo menos una palabra mal escrita. Corrígela(s).

1. Rafael siempre ha sido un amigo muy lial. _____

2. Escribí un puema sobre la nieve para la clase de literatura. _____

3. Cecilia dijo que vio liones en su viaje a África. _____

4. La Familia Rial de Suecia asistirá a los campionatos en Puerto Rico. _____

5. Ahurita Eduardo va a recoger a Joaquín al airopuerto. _____

6. El maistro de biología nunca nos da taria. _____

7. No se puede crer a Juan, que siempre está bromiando. _____

8. Catalina dice que va a cordinar la reunión. _____

9. Mis tíos train sus propias almuhadas cuando pasan la noche con nosotros. _____

10. Mi hermana está pior de la garganta porque no tomó la medicina. _____

Gramática: Los mandatos informales

◆ El modo imperativo se usa para dar mandatos. Usa los **mandatos informales** con las personas que tuteas.

◆ El mandato informal afirmativo se forma con la forma **tú** del presente del indicativo menos la –**s**.

>　　　*Tú comes.*　　→　　*¡Come!*

◆ Si se necesita un pronombre de complemento directo o indirecto, éste se coloca detrás del verbo. Si es necesario para mantener la pronunciación correcta, se le pone un acento ortográfico.

>　**Estudias la lección.**　→　*¡Estúdiala!*　　　**Me oyes.**　→　*¡Óyeme!*

◆ Los siguientes verbos tienen formas irregulares en el modo imperativo afirmativo.

decir	→	**di**	hacer	→	**haz**
ir	→	**ve**	poner	→	**pon**
salir	→	**sal**	tener	→	**ten**
ser	→	**sé**	venir	→	**ven**

◆ Para formar un mandato informal negativo, usa la forma **yo** del presente del indicativo menos la -**o**. Añádele la terminación -**es** a los verbos de -**ar** y la terminación -**as** a los verbos de -**er/-ir**. Los pronombres de complemento directo o indirecto se colocan delante de los verbos en los mandatos informales negativos.

>　**Escucho la radio.**　→　*¡No la escuches!*
>　**Pongo la mesa.**　→　*¡No la pongas!*

◆ Para mantener la pronunciación correcta, en algunos verbos de -**ar** ocurren los siguientes cambios ortográficos cuando se usan en un mandato informal negativo.

>　　　**Pago.**　→　*¡No pagues!*
>　　**Practico.**　→　*¡No practiques!*
>　　**Empiezo.**　→　*¡No empieces!*

Capítulo
8

A. Dile a tu compañero de clase que haga o no haga las siguientes actividades. Usa la forma informal del imperativo y el pronombre apropiado
cuando sea necesario.

1. tomar apuntes _____

_____

2. no llegar tarde _____

_____

3. hacer preguntas _____

_____

4. no escribir a tus amigos _____

_____

5. ser un buen estudiante _____

_____

B. Estás cuidando a tu hermano menor. Dile cuatro actividades que puede
hacer y cuatro que no: *tocar el piano, cerrar las ventanas, comer todos los
pasteles, ir al parque con los amigos, ponerse su camiseta nueva, darle de
comer al perro, dormir en el sofá, jugar al fútbol.*

Sí

1. _____

_____

2. _____

_____

3. _____

_____

4. _____

_____

No

5. _____

_____

6. _____

_____

7. _____

_____

8. _____

_____

Nombre _____ Clase _____ Fecha _____

La vida profesional

La experiencia culinaria

¿Te gusta cocinar? ¿Te gustaría trabajar en un hotel, un crucero o un restaurante?

Primero, haz una lista de las comidas que más te gustan.

1. comida tejana-mexicana

2. _____

3. _____

4. _____

5. _____

6. _____

7. _____

8. _____

Escuela culinaria en Austin, Texas

La vida profesional

◆ Vamos a escribir

A. Escoge un cocinero, gerente o dueño de un restaurante en tu comunidad y haz una lista de preguntas que te gustaría hacerle. Vas a entrevistarlo(la) para saber más sobre el uso del español en su trabajo. Primero, completa el cuestionario que sigue.

1. ¿Qué clase de comida prepara (o se prepara en su restaurante)? _____

_____

2. ¿En qué escuela culinaria estudió (o estudió su cocinero)? _____

_____

3. _____

_____

4. _____

_____

5. _____

_____

6. _____

_____

7. _____

_____

8. _____

_____

B. Ahora, haz una cita con la persona que identificaste en la Actividad A. Ve a entrevistarlo(la) y hazle las preguntas de tu cuestionario. Luego, escribe un párrafo breve sobre tu entrevista y lo que aprendiste. ¿Cómo le ayuda el español en el trabajo?

_____

_____

_____

_____

_____

GeoVisión *Santiago*

Antes de ver

A. Para ti, ¿qué es un "taco"? ¿Crees que para los chilenos un "taco" representa lo mismo que representa para ti?

_____

_____

Después de ver

B. ¿A qué se refiere la palabra "taco" en Santiago?

_____

C. Escribe la letra de la respuesta correcte en los espacios en blanco.

___1. ¿Dónde está Santiago?
    a. Está en el valle central de Chile cerca del río Mapocho.
    b. Está al oeste de la capital chilena cerca del océano Pacífico.
    c. Está en la costa sur del país cerca de San Cristóbal.

___2. ¿Quién fundó Santiago?
    a. Cristóbal Colón
    b. Pedro de Valdivia
    c. Bernardo O'Higgins

___3. ¿Qué es hoy la Estación de Mapocho?
    a. Es una estación de metro.
    b. Es una estación de trenes.
    c. Es un centro cultural.

___4. ¿Dónde está la oficina del presidente chileno?
    a. En el Barrio Bellavista.
    b. En el Cerro San Cristóbal.
    c. En el Palacio de la Moneda.

___5. ¿Qué es la Alameda?
    a. Es la avenida principal de Santiago.
    b. Es un museo del poeta Pablo Neruda.
    c. Es un barrio con casas coloridas.

D. De todos los chilenos famosos que se mencionan en el video, ¿quién más te interesa? En una hoja aparte, escribe un párrafo breve sobre el chileno o la chilena que te gustaría conocer y explica por qué.

Capítulo **8**

VideoCultura *Comparaciones*

Antes de ver

A. En el cuadro a continuación, pon una ✓ junto a los artículos que te pondrías en cada ocasión. Puedes marcar una columna, dos columnas o ninguna columna.

	todos los días	una fiesta
pantalones		
camiseta		
zapatos de tenis		
zapatos con taco alto		
vestido		
camisa		
falda		

Después de ver

B. Pon una a ✓ junto a las palabras en la siguiente lista que usan los entrevistados para describir la ropa que se ponen para ir a una fiesta.

___ una falda	___ más bonito que lo normal
___ elegante	___ ropa cómoda
___ de moda	___ taco
___ pantalones anchos	___ ropa apretada

C. Escoge la respuesta apropiada.

1. Pon una ✓ junto al artículo que los entrevistados les gusta ponerse todos los días.
   ___ **a.** pantalones   ___**b.** falda   ___ **c.** blusa   ___**d.** zapatos de tenis

2. Pon una ✓ junto a la persona que compra ropa que está de moda.
   ___a. Almodena   ___ **b.** Larias   ___**c.** Vanessa

3. Pon una ✓ junto a la razón que dan los otros dos entrevistados para comprar la ropa que les gusta.
   ___**a.** para estar de moda   ___**b.** para estar elegante   ___**c.** para estar cómoda

D. Escribe dos oraciones que describan lo que tienes puesto hoy y por qué escogiste ese vestuario para las actividades que vas a hacer hoy.

_____

_____

Capítulo 8

Antes de leer

«Flashbacks» Las escenas retrospectivas se llaman *«flash-backs»*. A veces un escritor utiliza un *«flashback»*, o narración retrospectiva, cuando interrumpe la acción principal para volver atrás y contar lo que ocurrió en el pasado o en una escena anterior.

Escenas del pasado. En el cuento *Canas verdes,* hay cuatro *«flashbacks»*. Mientras lees el cuento, apunta los *«flashbacks»* en los siguientes espacios en blanco en cuanto los encuentres. Luego, explica por qué crees que el *«flashback»* le da más impacto a la narrativa.

1. _____

   _____

2. _____

   _____

3. _____

   _____

4. _____

   _____

◆ Vocabulario

Los diminutivos. Los **diminutivos** son sufijos especiales que usa el español para darles ciertas connotaciones a las palabras. El diminutivo generalmente expresa pequeñez o cariño o las dos cosas: *el perrito, la casita*. El diminutivo también puede dar una connotación despectiva; por ejemplo, *un hombrecillo*. También se emplea para suavizar el significado: *Tuve un problemita*. Se usan los diminutivos con adjetivos y también con adverbios: *Es pequeñito. Anda despacito*.

Explica la connotación de los diminutivos en los siguientes casos. Si necesitas saber el contexto en el cual se presentan, búscalo en el cuento *Canas verdes*. Luego, escribe un diminutivo que usas tú en tu vida diaria y también explica la connotación que le da el diminutivo.

1. Dieguito _____

2. una mujercita de quince años _____

3. esa muchachita americana _____

4. _____

A. ¿Quién es la narradora del cuento?

Canas Verdes

Siempre he dicho que esa niña me iba a sacar canas verdes. Desde píldora, siempre ha tenido sus propias ideas. Una vez se me olvidó ponerle el talco cuando le estaba cambiando los pañales y me dijo claramente, sin palabras, gesticulando con las manos y la cara, que se me había olvidado algo. No se calmó hasta que había rectificado el error.

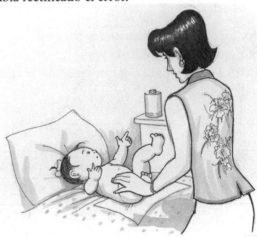

B. ¿Quién es el centro de la narrativa?

C. Cuando Dolores era pequeña, ¿cómo siente su madre que era? ¿Qué sentía qué siempre hacía Dolores?

Con Dolores siempre sentía que me estaba mirando, analizando, que estaba memorizando cada uno de mis movimientos y buscando el error, la imperfección, la anomalía[1], la contradicción. Dieguito nunca fue así. Él siempre estuvo feliz con lo que se le presentara: la comida, la ropa, los juguetes, las niñeras, los juegos. Dieguito ama al mundo y lo abraza. Dolores lo cuestiona y lo distancia.

Las madres sabemos. No es que queramos saber, es que estamos conectadas telepáticamente con todos los sentimientos y pensamientos de nuestras creaciones. Bueno, hasta cierto punto. Creo que a los siete años, más o menos, Dolores empezó a desconectarse de mí. Empezó a saber cómo disimular para proteger sus verdaderos pensamientos de mis rayos X. Esa separación me lastimó, aunque como madre sabía muy bien que iba a ocurrir y hasta me había preparado para la puñalada. Sin embargo, sentía que con Dolores, ese momento de independencia había llegado demasiado temprano. No sé por qué me sorprendió, ya que ella siempre había sido así. Caminó, habló y aprendió a leer y escribir bastante antes que sus compañeras.

Nunca sabía qué hacer con esa criatura. Un día llegó de la escuela con los ojos rojos y la cara destruida. Vi que había pasado unas cuantas horas llorando pero no pude sacarle la verdad. Tuve que hacer el papel de detective para descubrir que le habían dado una C en el mapa que había pasado semanas dibujando. Según la profesora, no había seguido las instrucciones al pie de la letra. La tarea era dibujar el mapa de los Estados Unidos. Dolores, con su afán[2] por la realidad y sus tendencias de perfeccionista, había incluido a México en el dibujo, algo que no le gustó nada a la profesora.

. . . .

1 irregularidad   **2** deseo vehemente

—Mamá, ese mapa representa la realidad. ¿Cómo me pudo quitar puntos por dibujar lo que verdaderamente existe?

No le pude contestar. Su primer tropiezo con la injusticia la dejó sin confianza en las autoridades. Quería protegerla de todo lo doloroso en el mundo, pero sabía muy bien que lograrlo era fantasía de madre. Yo no quería que un incidente trivial con una profesora estricta le quitara su ambición, su modo de superar siempre las expectativas de otros. Para Dolores era genéticamente imposible ser ordinaria.

Cuando me anunció un día que no quería fiesta de quinceañera, que prefería guardar ese dinero para un carro o para la universidad, me partió el corazón en varios millones de pedazos. Era algo que yo siempre había querido para ella, una tradición familiar que yo misma le quería regalar. Pasar de muchacha a mujer enfrente de todos los que la aman, me parecía lo más bello que le pudiera pasar a una mujercita de quince años. Pero Dolores me explicó de manera muy clara que le parecía ridículo gastar tanto dinero en algo tan efímero[3].

—¡Mamá! ¡Tanto dinero! ¿Y para qué? ¡Un baile! ¡Una noche!

—Pero, hija, el recuerdo es para siempre.

—Mejor dame el carro. Me va a durar mucho más que el recuerdo.

Una de las cosas que siempre juré era que no iba a formar a mis hijos sólo como reflejos de mi personalidad. Tuve suficientes batallas con mi madre para olvidar ahora que lo que importa es fomentar[4] aquello que naturalmente existe en el ser juvenil. No presentarla a la sociedad a través de su quinceañera me costó muchas noches de angustia, pero por fin reconocí que Dolores tenía razón. Ese vestido de quinceañera reflejaba una fantasía mía, no la suya. Esa fiesta no era para ella, sino para mí. A veces odio la verdad pero nunca la eludo[5].

. . . .

3 momentáneo, perecedero   **4** promover   **5** evito

Comprensión

Contesta las preguntas de Comprensión en una hoja aparte.

D. ¿Por qué llegó llorando Dolores de la escuela?

E. ¿Qué costumbre mexicana rechaza Dolores?

F. ¿Cómo se siente la señora Montemayor cuando su hija no quiere participar en la tradición? ¿Por qué?

G. ¿Qué decide al final la señora Montemayor?

*Contesta las preguntas de **Comprensión** en una hoja aparte.*

H. ¿En qué se parecen Dolores y su abuelo?

I. ¿De qué se culpa la señora Montemayor a sí misma? ¿Por qué?

Sé muy bien que todo este asunto de la videocámara me puso en una situación muy difícil. Dolores es la fotocopia de su abuelo. Quiere documentar el mundo que la rodea sin temer las consecuencias. Así era mi padre. No había nadie que lo disuadiera de sus creencias. Para él, la evidencia estaba en las imágenes. En el fondo, no podía creer que el acto sencillo de fotografiar algo que existía en la realidad le pudiera hacer daño. Ingenuo, quizás, pero más bien, terco. El paso de dinero entre manos sucias existía en el mundo, ¿por qué no documentarlo? ¿Por qué no enseñarle al mundo entero el comportamiento de sus líderes políticos?

Las decenas de psiquiatras que visité y que he seguido visitando en los años transcurridos[6] después de su muerte, me han dicho rotundamente, sin un momento de vacilación, que su muerte no fue culpa mía. Pero es la niña de quince años quien todavía me persigue…

—Hija, tengo una decisión muy importante que tomar.

—Sí, papá.

—¿Puedes cuidar a tu hermano mientras voy a la oficina a arreglar unas cosas?

—Sí, papá.

Recogió su maletín y empezó a salir. Tuvo un momento de indecisión. Echó el maletín al suelo y me dijo:

—Hija, ven acá.

Me acerqué a paso lento porque sentí la gravedad de su aspecto. Sin embargo, yo no tenía nada más en mi mente que el novio que me esperaba afuera, en el jardín. Quería acabar con este intercambio paterno lo más pronto posible.

—¿Crees en la verdad?

—Sí, papá, claro.

—¿Es importante que la gente sepa la verdad?

—Sí, papá, claro.

J. A los quince años, cuando su papá le hizo una pregunta importante, ¿qué le interesaba más a la señora Montemayor?

. . . .

6 pasados

Salí al jardín a coquetear con mi novio. Mi hermano echando su siesta. Mamá y papá fuera de la casa. Yo, feliz.

Fue la última vez que lo vi.

Me han repetido millones de veces varios psiquiatras, psicólogos, curanderos y médicos, tanto hombres como mujeres, que un profesional de su inteligencia y de su posición, nunca, de ninguna manera, habría tomado una decisión tan importante basándose en las respuestas automáticas de una joven de quince años. Todavía no he logrado perdonarme.

Siempre pensé darle la videocámara a Dolores para su graduación, en un año. Sé que es imposible quitarle lo que es suyo, lo que le regaló su abuelo a través del ADN. Pero pensé que podía demorarlo. Un año nada más. El anillo era un premio de consolación.

—Cindy, ¿adónde vas con tanta prisa?

Nunca había visto a Cindy volar como lo hacía ahora y en esos tacones imposibles de manejar. ¿De qué se escapaba?

—No, nada, señora, es que si no me apuro, voy a llegar tarde a la cena, y usted sabe que a mi madre no le gusta recalentar la cena para nadie…

—Hija, cálmate.

El radar de la madre nunca falla. Aquí había gato encerrado. A veces esa muchachita americana se sentía como mi hija más que mi hija. Tenía los ojos superabiertos como si acabara de ver un fantasma. La reacción natural de madre: consolarla.

En ese momento entró Dolores. Cindy no tiene la fuerza para enfrentarse a Dolores Enojada. Se lanza hacia la salida, como un "jet-ski" de potente motor.

—¿Qué te dijo?

—Nada, hija.

—¿No te dijo nada del anillo?

—¿El anillo? ¿Qué pasó con el anillo?

Pobre Dolores. Se delató[7] sin quererlo.

- -

7 descubrió, inculpó

K. ¿Creen los profesionales que visita la señora Montemayor que la muerte de su padre fue su culpa?

L. ¿Se ha perdonado ella a sí misma?

M. ¿Pensaba la señora Montemayor darle la videocámara a Dolores en el futuro?

N. ¿La señora Montemayor trata de consolar a quién?

O. ¿Qué piensa Dolores que Cindy le ha dicho a su mamá? ¿Tiene razón?

P. ¿Cuál es el resultado de la pregunta de Dolores?

¿Qué piensas tú?

1. Describe en una o dos oraciones los sentimientos de la señora Montemayor hacia su hija.
Da ejemplos si puedes. _____

_____

_____

2. Ahora que sabes más de la historia del padre de la señora Montemayor, ¿crees que la señora
Montemayor tiene razón en no darle la videocámara a Dolores? ¿Por qué sí o por qué no?

_____

_____

_____

3. ¿Fué lógica la reacción de Dolores al ver a su madre consolando a Cindy? ¿Por qué sí o por

qué no? _____

_____

_____

Ortografía

La diéresis

La **diéresis** sobre la letra **u** (**ü**) sirve para indicar que hay que pronunciar la **u** en las combinaciones **gue** y **gui**. Si la diéresis no se empleara en casos como *argüir*, la **u** no se pronunciaría, y
las sílabas **gue** y **gui** se oirían como en las palabras *guerra* o *guiño*. Los siguientes ejemplos son
de este tipo de palabras:

    ping**ü**e   ping**ü**ino   **gü**era   a**gü**ita   biling**ü**e

A. Escribe los siguientes verbos en la primera persona (yo) del pretérito como
en el modelo. Decide si las palabras llevan diéresis o no.

Modelo averiguar   *averigüé*

1. apaciguar _____

2. pegar _____

3. atestiguar _____

4. aguar _____

5. pagar _____

6. guiar _____

7. amortiguar _____

8. madrugar _____

B. Escribe las siguientes oraciones de nuevo. Pon la diéresis en las palabras que lo necesiten.

1. Me dio una verguenza que me viera en estas fachas.

_____

2. Estos niños todavía creen que es la cigueña la que trae a los niños.

_____

3. No pases por debajo de esa escalera, es mal aguero.

_____

4. Carlos parecía un pinguino con su traje de gala.

_____

5. En México a las personas rubias se les llama gueras.

_____

 # Gramática: Los mandatos formales

◆ Usa los **mandatos formales** (el modo imperativo) con las personas que conoces como **usted** o **ustedes**.

◆ Para formar los mandatos formales, usa la forma **yo** del presente del indicativo menos la **-o**. Añade las terminaciones **-e/-en** a los verbos de **-ar** y las terminaciones **-a/-an** a los verbos de **-er/-ir**.

Estudio	→ Estudie (Ud.)	Estudien (Uds.)
Leo	→ Lea (Ud.)	Lean (Uds.)
Escribo	→ Escriba (Ud.)	Escriban (Uds.)

◆ Ocurren los siguientes cambios ortográficos en la forma del imperativo de los infinitivos que terminan en **-car, -gar**, y **-zar**: c → qu, g → gu, y z → c.

busco	→	**busque(n)**
juego	→	**juegue(n)**
empiezo	→	**empiece(n)**

◆ Los pronombres se colocan detrás de los mandatos afirmativos. Se colocan delante de los mandatos negativos. Acentos ortográficos indican donde cae el golpe antes de que se le añadan los pronombres.

¡Díga**melo**!   ¡No **me lo** diga!

Capítulo
9

A. El señor Álvarez está diciéndoles a sus hijos lo que pueden y no pueden hacer mientras están de compras. Completa sus oraciones.

1. ¡No _____ (tocar) nada!

2. ¡_____ (portarse) bien!

3. ¡No _____ (correr)!

4. ¡_____ (darle) el dinero!

5. ¡No _____ (gritar)!

6. ¡_____ (sentarse) en la banca!

7. ¡Mejor _____ (esperarme) afuera!

8. ¡No _____ (perderse)!

B. Imagina que trabajas en un parque zoológico. Usa la forma correcta del mandato formal y cualquier pronombre que sea apropiado para contestar las preguntas de los turistas.

1. ¿Podemos darles de comer a los animales?

   No, _____

   _____

   _____.

2. ¿Podemos sentarnos debajo de esos árboles?

   Sí, _____

   _____

   _____.

3. Para ver a los monos voy por este sendero, ¿verdad?

   Sí, _____

   _____

   _____.

4. ¿Puedo jugar con la serpiente?

   No, _____

   _____

   _____.

Capítulo 9

La vida profesional

Los recursos naturales

Es importante conservar los recursos naturales de nuestro país. Hay muchos trabajos que tienen que ver con la conservación de los recursos naturales. ¿Te interesan algunos? Añade todos las profesiones o puestos que puedas a la lista de abajo. En la segunda lista, escribe los nombres de algunos animales y plantas nativos a tu comunidad.

Trabajos en la conservación de recursos naturales

1. biólogos _____
2. meteorólogos _____
3. _____
4. _____
5. _____
6. _____

Animales y plantas nativos a tu comunidad

1. _____
2. _____
3. _____
4. _____
5. _____
6. _____

Ave en peligro de extinción protegida en la Reserva de Aransas

Capítulo
9

La vida profesional

 Vamos a escribir

Busca en Internet sobre el clima y la conservación en tu comunidad. ¿Hay programas naturalistas en los cuales puedes participar como voluntario(a)? Escribe una carta a uno de los programas que te interesan y trata de conseguir un puesto para trabajar en la conservación de los recursos naturales en tu comunidad. Explica por qué tú serías el (la) candidato(a) ideal para ayudar con la conservación de ese recurso natural.

Estimados señores,

_____

_____

_____

_____

_____

_____

_____

_____

_____

_____

_____

_____

_____

_____

_____

_____

_____

_____

_____

_____

_____

_____

_____

_____

Capítulo **9**

GeoVisión *El Paso*

Antes de ver

A. Lee los siguientes comentarios y pon una ✓ junto a los que crees que se refieren a El Paso.

_____**1.** Fue fundado por Ponce de León.

_____**2.** Se encuentra en el punto más oeste del estado.

_____**3.** La Ciudad de Juárez está cerca.

_____**4.** Tiene un puerto muy grande.

_____**5.** Fue construida alrededor de las montañas Franklin.

_____**6.** El Jardín Botánico tiene muchas variedades de plantas tropicales.

Después de ver

B. Vuelve a la Actividad A y haz las correcciones necesarias.

C. Identifica los siguientes nombres. Junto a cada uno, escribe la letra de la descripción correcta.

_____**1.** Don Juan de Oñate   **a.** Separa El Paso y Ciudad Juárez.

_____**2.** Río Bravo del Norte   **b.** Fue fundada en 1682 por los indígenas.

_____**3.** Bután   **c.** Dos tercios de sus estudiantes son méxico-americanos.

_____**4.** Fort Bliss   **d.** En 1598, llamó la región El Paso del Norte.

_____**5.** Misión Ysleta   **e.** Desde estas montañas, se puede ver la ciudad.

_____**6.** Union Depot   **f.** Ahí se encuentra una escuela militar alemana.

_____**7.** Franklin   **g.** Este distrito está en el centro de la ciudad.

_____**8.** UTEP   **h.** El estilo de la arquitectura de UTEP es de este país.

D. Escribe un párrafo breve que describa El Paso, Texas.

_____

_____

_____

_____

Capítulo 9

VideoCultura *Comparaciones*

Antes de ver

A. Escribe dos oraciones que describan el paisaje y el clima de la región en dónde vives.

_____

_____

_____

Después de ver

B. ¿Qué región describe cada oración? Junto a cada descripción, escribe la letra de la región que le corresponde.

a. El Paso	b. Chile	c. México

____ **1.** Hay muchos lugares rocosos, muchos arbustos y cactus.

____ **2.** En el sur hay muchas selvas con monos y serpientes.

____ **3.** En la zona sur cultivan muchas frutas.

____ **4.** El cóndor y el güemul habitan el país.

____ **5.** En esta región habita el correcaminos, un tipo de pájaro.

____ **6.** El clima no es estable: un día hace mucho calor y al otro hace viento.

____ **7.** El clima es tropical.

____ **8.** En el verano hace calor y en el invierno hace frío.

____ **9.** En 1985 hubo un gran terremoto en donde murieron 30.000 personas.

____**10.** Hay terremotos pero no hay tornados o huracanes.

____**11.** No hay terremotos, tornados o huracanes.

C. Compara la región dónde vives con una de las siguientes regiones : El Paso, México, o Chile.

_____

_____

_____

_____

Capítulo 9

Antes de leer

Estrategia

Elementos literarios. Para apreciar un texto, es importante reconocer los elementos literarios que usa el autor. Algunos elementos literarios son: **la caracterización, el tema, el conflicto, el clímax, el desenlace, el punto de vista, el ambiente** y **el diálogo,** entre otros.

Definiciones. ¿Cuánto sabes de la literatura? Completa las siguientes definiciones con el elemento literario correcto de la lista de arriba.

1. _____ es el tiempo y lugar en que se desarrolla la acción de una narración.

2. Las técnicas que utiliza un escritor para crear a los personajes de una obra literaria se llama _____.

3. _____ es el momento culminante de un cuento, un drama o una novela que determina su desenlace.

4. El elemento central de un cuento, un drama o una novela es _____, o la lucha entre personajes o fuerzas opuestas.

5. _____ es la conversación entre los personajes de un cuento, una novela o un drama.

6. En _____ se resuelven definitivamente los conflictos.

7. _____ de una historia es la posición desde la cual está narrada.

8. La idea principal de una obra literaria se llama _____.

◆ Vocabulario

Ejemplos. En los cuentos de los últimos siete capítulos la autora ha usado todos los elementos literarios mencionados en la actividad de arriba. En una hoja aparte, identifica en los capítulos 3-9, por lo menos un ejemplo de cada elemento literario.

1. el tema
2. la caracterización
3. el punto de vista
4. el ambiente
5. el conflicto
6. el desenlace
7. el diálogo
8. el clímax

La verdad... como si fuera

Quienes estudiamos la historia como profesión sabemos muy bien que son muchas las verdades. Hay varios puntos de vista válidos acerca de un evento histórico… Así que creo que es mejor pensar que son muchas las verdades que constituyen el pasado, más que una sola verdad.

—David J. Weber, historiador

A. ¿Quién es la narradora del cuento?

B. ¿Qué hizo la señora Montemayor cuando supo de la venta del anillo? ¿Qué sentía ella hacia Dolores?

C. ¿Quiénes más sufrieron el disgusto de la señora Montemayor?

D. ¿Qué había hecho tío Sergio con el anillo?

E. ¿Pudo competir en el concurso del Web Dolores?

Mamá debió hacerse abogada. Ese día me interrogó hasta que me sacó todos los detalles de la historia, empezando con la venta del anillo y acabando con el lío con Javier. Como testigo de la defensa, pasé momentos espantosos tratando de pintar las escenas de una manera que me favorecieran a mí. En dieciséis años de vida, la verdad nunca me había dolido tanto.

Al principio mamá estuvo muy enojada conmigo, creo que aún más enojada que cuando le dije que no quería quinceañera. Mi pobre tío y madrina: ellos también sufrieron la tormenta materna de disgusto por no haber confiado en ella. Gracias a Dios que mi tío Sergio tuvo la sensatez[1] y la previsión[2] de guardar el anillo en vez de venderlo. No sé que habría pasado si no se le hubiera ocurrido quedarse con él.

Después de unos días deliberando mi sentencia, mamá se apaciguó un poco. Creo que papá tuvo algo que ver con eso. En vez de quitarme la cámara, me hizo conseguir un trabajo para pagarle los ochocientos dólares a mi tío. Pensé que me iba a prohibir competir en el concurso del Web, pero no, no lo hizo. Al contrario, insistió que tenía que acabar el documental para entregarlo a tiempo para el concurso.

Las mamás son muy sabias. Además de terminar el documental en menos de dos meses, también tenía que seguir sacando notas buenas en el colegio y

----

1 prudencia, discreción **2** premonición

todavía más, tenía que trabajar en la tienda de videos dos horas diarias durante la semana y cuatro horas diarias los sábados y domingos. Un pequeño error juvenil me estaba costando miles de horas de sueño.

Pero no me malinterpreten. No me estoy quejando. Todo lo que me pasó lo merecí, sin duda, y les debo disculpas a todos los personajes de esta historia que también tuvieron que pagar por mi error. Diggie, aunque en realidad me había ayudado, primero por haber distraído a mamá cuando estaba la cámara a plena vista sobre la cama, y luego por haber guardado silencio, tuvo que pagar por su chantaje. (¡Pobre Diggie! ¡Chocolates! A cambio de su silencio, fue todo lo que me pidió—¡chocolates!) La idea del chantaje le era tan repugnante a mamá que le quitó los patines, el walkie-talkie y la televisión por seis meses. El niño super-moderno tuvo que encontrar otras maneras más anticuadas para entretenerse, como leer revistas y jugar a las cartas. Sé cuánto sufrió.

Cindy y yo por fin hicimos las paces pero les tengo que decir que perdimos mucho tiempo (creo que pasó más o menos un año antes de que pudiéramos confiar totalmente la una en la otra) tratando de redefinir nuestra relación. Beto tuvo que pagar con ser mi asistente: tuvo que acompañarme para filmar todos los partidos de tenis, béisbol, básquetbol, fútbol y vólibol que podíamos grabar y también me tuvo que ayudar con la edición de todo ese metraje digital. Beto habría preferido pasar el tiempo en la playa o en los columpios, pero como mi coconspirador, tuvo que aguantar su parte del castigo.

Javier. Javier hizo lo honorable. Habló con su entrenador y juntos decidieron que no tenía más remedio que jugar el partido de nuevo. Hubo un escándalo en la prensa, pero Javier logró superar la presión y la humillación para ganar el campeonato de nuevo. Después de su victoria, nunca alzó la raqueta otra vez.

No gané el concurso del Web.

Bueno, la verdad es que así fue cómo desarrollé la historia de mi primera película, *La verdad… como si fuera*. No todo ocurrió exactamente como lo describo. Sí, mamá estaba furiosa conmigo, Diggie, mi tío y mi madrina. A mí

*Contesta las preguntas de **Comprensión** en una hoja aparte.*

F. ¿Qué más tuvo que hacer como parte de su castigo?

G. ¿Qué le pidió Diggie a Dolores en cambio por su silencio?

H. ¿Cuál fue el castigo de Diggie?

I. ¿Se reconciliaron Dolores y Cindy? ¿Cuánto tiempo tomó?

J. ¿Cuál fue el castigo de Beto?

K. ¿Qué hizo Javier? ¿Cuáles fueron las consecuencias?

L. ¿Qué hizo Dolores con la historia?

me quitó la cámara y no me dejó competir en el concurso del Web. Tuve que trabajar muchas horas, pero no en una tienda de videos. Me hizo trabajar en un hogar de ancianos dizque para que aprendiera paciencia y la importancia de respetar la experiencia de los mayores. A Diggie sí le quitó sus comodidades modernas, pero sólo por tres meses. Con su imaginación ágil, no creo que lo haya afectado mucho.

Cindy por fin me perdonó pero me hizo sufrir con meses de silencio. Tenía razón, ¡debí haberle dicho desde un principio lo que estaba pasando entre Javier y yo! Una amistad sin sinceridad total no es amistad que valga, lección que no desaparecerá de mi conciencia muy pronto.

Entre Beto y yo empezó a haber un abismo[3]. Sentí su ausencia, pero en mi corazón sabía que yo nunca le iba a poder ofrecer la clase de relación que él quería. Cuando lo vi en el baile del colegio con Delia, no puedo mentir, sentí un golpe, pero al mismo tiempo, sentí un gran alivio. Verlo feliz no a mi lado me llenó de una sensación agridulce… quizás el germen[4] de otra película.

Y Javier. ¿Qué le pasó a Javier? En la película, hice que ganara el campeonato la segunda vez. Quería tanto recompensarlo por haber tomado el camino honorable: le explicó todo a su entrenador y se puso en una situación insoportable para un joven deportista—jugar humillado. No hay que ser guionista para saber ese fin: perdió.

Todo eso fue hace mucho tiempo. Acabo de cumplir treinta y dos años. Mi madrina sigue siendo SuperMujer y mi tío es el CEO de una compañía "dot.com" muy exitosa. Diggie vive en Austin y trabaja para el primer gobernador hispano de Texas. Da discursos bilingües por todo el país. Javier se hizo

M. ¿Qué pasó en realidad con Dolores? ¿con Diggie? ¿con Cindy? ¿con Beto? ¿con Javier?

N. ¿Cuántos años tiene ahora Dolores?

....

3 gran diferencia entre personas   **4** origen, causa

profesional y ganó dos o tres "Grand Slams". También fue el héroe del equipo de la copa Davis cuando ganó un partido muy importante contra Zimbabwe. Cindy está en Nueva York, diseñando zapatos de tacones para las modelos de Gucci, Versace y Donna Karan. Nos visitamos cuando la vida nos ofrece la oportunidad. Beto, no sé lo que le pasó a Beto, pero estoy segura de que está muy feliz con una familia numerosa y unos columpios espectaculares en su propio jardín.

¿Y yo? Ahora vivo en Los Ángeles. Hablo con mamá y papá dos o tres veces por semana. He viajado por todo el mundo haciendo películas. Varios de mis documentales han sido nominados para el Óscar, pero todavía no he logrado ganar ninguno de ellos. Nunca me quito el anillo.

Y ésa, ésa es la verdad… como si fuera.

O. ¿Ahora dónde están y qué hacen Diggie, Cindy, Javier y Beto?

P. ¿Cuál es la profesión de Dolores?

Q. ¿Qué objeto tiene todavía en su posesión desde los dieciséis años?

¿Qué piensas tú?

1. ¿Qué crees que quiere decir el título del cuento y de la película que hizo Dolores? Explica en tus propias palabras. _____

_____

_____

2. ¿Qué piensas del final de la historia? Explica tu reacción. _____

_____

_____

3. ¿Crees que al final todo fue justo? Explica en tus propias palabras. _____

_____

_____

◆ Ortografía

Los infinitivos

◆ Aunque algunas formas verbales tienen diptongos en la raíz, los **infinitivos** no cambian. Compara el infinitivo con la primera persona singular de los verbos que siguen:

pedir	pido	(e → i)
poder	puedo	(o → ue)
jugar	juego	(u → ue)
sentir	siento	(e → ie)

◆ Ten cuidado de no pronunciar ni escribir un diptongo en la raíz de un infinitivo. Compara las formas populares y oficiales de los siguientes infinitivos:

Formas populares	Formas oficiales
midir	*medir*
duermir	*dormir*
acuestarse	*acostarse*
empiezar	*empezar*
despiertarse	*despertarse*

Capítulo
10

A. Completa las siguientes oraciones con el infinitivo de los verbos subrayados.

1. Siempro <u>pierdo</u> las llaves del carro pero hoy no las voy a _____.

2. ¿Qué <u>piensas</u> de nuestra idea? ¿Necesitas más tiempo para

_____ lo?

3. Normalmente Gerardo e Inés <u>vuelven</u> a las seis pero hoy van a

_____ más temprano.

4. Sé que <u>almorzamos</u> los domingos a la una pero hoy tenemos que

_____ a las dos.

5. Anoche <u>dormí</u> muy mal. Esta noche espero _____ mejor.

6. Qué lástima que <u>te sientes</u> mal del estómago. Vas a _____

mejor cuando tomes el té.

7. Generalmente <u>llueve</u> mucho en julio pero este verano parece que no va a

_____ nunca.

8. Tú nunca <u>sigues</u> las instrucciones de las recetas pero esta vez debes

_____ las.

9. ¿<u>Se acuerdan</u> Uds. de nuestra bisabuela? A lo mejor no pueden

_____ de ella porque eran muy jóvenes.

10. Aunque Marisol siempre <u>se despierta</u> tarde durante el verano, va a tener que

_____ temprano cuando empiecen las clases.

◆ Gramática: Los mandatos de "nosotros"

◆ Para decir *"Let's …"* en español, usa **vamos a** + *infinitivo* o la forma de **nosotros** del presente del subjuntivo. Para decir *"Let's not…"*, usa **no** + *la forma de **nosotros** del subjuntivo*.

¡Vamos a comer algo!   **¡Comamos** algo!
No salgamos esta noche.   **No hablemos** de eso ahora.

◆ Usa **¡Vamos!** para expresar *"Let's go!"* y **¡No vayamos!** para expresar *"Let's not go!"*

◆ Coloca los pronombres detrás de los mandatos afirmativos y delante de los mandatos negativos. Nota el acento ortográfico.

¡Hagámos**lo** hoy!   ¡No **lo** hagamos hoy!

◆ Con el pronombre reflexivo **nos** en los mandatos afirmativos, quita la **-s** del verbo antes de añadirlo.

Quiero que nos sentemo<u>s</u>. → **Sentémonos.**
Quiero que nos levantemo<u>s</u>. → **Levantémonos.**

Capítulo
10

A. No quieres hacer lo que tu amigo quiere. Contesta sus preguntas en el negativo y luego haz tu propia sugerencia basada en la información entre paréntesis.

1. ¿Vamos al parque? (quedarnos en casa)

_____

_____

2. ¿Comemos en un restaurante? (hacer un picnic)

_____

_____

3. ¿Vemos una película? (ir a un concierto)

_____

_____

4. ¿Estudiamos para el examen de francés? (escribir el ensayo para la clase de inglés)

_____

_____

B. Sugiere a tu hermano(a) que ustedes dos hagan las siguientes actividades.

MODELO comer el desayuno
Escribes: *¡Comámoslo!*

1. no mirar la televisión _____

_____

2. lavarse los dientes _____

_____

3. hacer la cama _____

_____

4. darle de comer al gato _____

_____

5. no pelearse _____

_____

Capítulo 10

La vida profesional

El turismo

La industria del turismo abarca muchas profesiones, negocios y
trabajos. Añade a la lista de abajo todos los negocios que soportan
o se benefician del turismo en tu estado.

Negocios asociados con el turismo

1. hoteles

2. agencias de viaje

3. _____

4. _____

5. _____

6. _____

Parada de reposo para turistas en El Paso, Texas

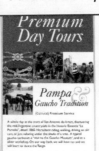

La vida profesional

◆ Vamos a escribir

Escoge un empleo en uno de los negocios que apuntaste en la lista de arriba. Investiga ese empleo en Internet o entrevista a personas que trabajen en ese negocio. Imagina que vas a solicitar un puesto en ese negocio. Antes de ir a la entrevista, prepara una lista de tus habilidades, y de cómo el saber español te puede ser útil en ese trabajo. Luego, escribe un párrafo breve que explique tus ideas sobre el turismo y por qué te gustaría trabajar para aumentar el turismo en tu ciudad o estado.

Habilidades

_____

_____

_____

_____

_____

_____

_____

_____

_____

_____

Párrafo

_____

_____

_____

_____

_____

_____

_____

_____

_____

_____

_____

118 **Capítulo 10**

Nombre _____ Clase _____ Fecha _____

 GeoVisión *Buenos Aires*

Antes de ver

A. Mira a los siguientes sitios en Buenos Aires. Escribe una oración que explique si cada lugar es un barrio, un teatro, un cementerio o una avenida. Añade los detalles que puedas.

1.

2.

3.

4.

1. _____

2. _____

3. _____

4. _____

Después de ver

B. Identifica cada foto en la Actividad A. Escribe el nombre correcto en los espacios en blanco. No hace falta usar todas las palabras del cuadro.

| La Boca | Colón | Dorrego | La Recoleta | Tortoni | 9 de Julio |

1. _____

2. _____

3. _____

4. _____

C. Empareja cada nombre con la descripción apropiada.

___1. Caminito   **a.** Aquí vienen importantes figuras líricas y del ballet.

___2. Obelisco   **b.** Hay muchos artistas en esta esquina pintoresca.

___3. Plaza de Mayo   **c.** Eva Perón está sepultada en este cementerio.

___4. Teatro Colón   **d.** Es donde ocurrió la revolución contra los españoles.

___5. La Recoleta   **e.** Aquí la bandera argentina fue alzada por primera vez.

Capítulo 10

Antes de ver

A. ¿Vienen muchos turistas a tu estado? ¿En qué estación vienen más? ¿Qué hacen?

_____

Después de ver

B. En el cuadro a continuación, pon una ✓ junto a los lugares y las actividades que menciona cada persona en el video.

	Eugenia	Guillermo	Ricardo
museo			
teatro			
cine			
playa			
comer			
bailar			
esquiar			
salir por la noche			

C. Completa cada comentario con **Argentina, España** o **El Paso,** según las entrevistas en el video.

1. Gente de varias ciudades van a _____ en la temporada de fútbol americano.

2. Muchos turistas van a _____ en verano para disfrutar del sol y el mar.

3. _____ es el segundo destino turístico en el mundo.

4. Mucha gente va a _____ en invierno a esquiar en el sur.

5. Los turistas pueden visitar el Museo del Prado en _____.

6. Se recomienda que los turistas vayan a la Patagonia en _____.

7. En _____ hay platillos mexicanos que uno puede comer, riquísimos.

8. En _____, se puede aprender el tango en las calles.

D. ¿Cuál lugar te gustó más: Argentina, España o El Paso? Explica tu respuesta en un párrafo breve en una hoja aparte.

Respuestas para las actividades

Capítulo 1

◆ Los sustantivos

Las respuestas pueden variar.

A. 1. el caballo, el regalo, el texto

2. el sacapuntas, el abrelatas, el matamoscas

3. el inglés, el color, el maletín

4. el malecón, el patrón, el cordón

5. el tema, el aroma, el síntoma

B. 1. la crema, la oreja, la tortilla, la carta, la fresa

2. la ambición, la bondad, la serie, la dosis, la tensión, la libertad, la quietud, la incertidumbre

◆ Los adjetivos

A. 1. famosa catedral

2. fuerte olor

3. gran discurso

4. ricas tortas

5. estudiante alemana

6. perritos torpes

7. reina generosa, familias pobres

8. reyes aztecas, corteses, forasteros españoles

9. estudiantes conversadoras

B. *Los párrafos van a variar.*

◆ Los adverbios

A. 1. lentamente

2. directamente

3. deprisa

4. bajo

5. completamente

6. a menudo

7. Recientemente

8. Primero

B. *Las oraciones van a variar.*

◆ Los pronombres de sujeto

A. 1. ustedes (Mónica y Lorenzo)

2. yo (Mónica), nosotros (Mónica y Lorenzo)

3. él (Lorenzo)

4. ellos (dos hombres)

5. tú (Mónica)

6. Yo (Mónica)

7. —

8. ellos (los heridos)

◆ Los pronombres de complemento directo e indirecto

A. 1. Sí, ya se lo devolví.

2. Hace dos años se la regalé.

3. No, no voy a enviárselas.

4. Sí, Carmen me la dio.

5. Sí, Ricardo sigue leyéndoselas.

6. No, no me la quites.

7. Sí, sabemos quién nos lo robó.

B. 1. Quiero pedirte un favor.

2. No se lo des Manuel.

3. Sigue escribiéndole cartas de amor.

4. No se lo digas a David.

5. Tomás va a contártelo.

6. Cómpranoslo hoy.

7. Si no te lo manda, avísame.

◆ El tiempo presente/Los verbos en *-ar, -er* e *-ir*

A. ¿(1) (Tú) vives en San Antonio? Yo (2) vivo en Nueva York. Todos los días mis compañeros y yo (3) comemos en una pizzería que esta en la esquina del colegio. A menudo me (4) levanto tarde y (5) llego tarde a la estación de autobuses. Si me pasa, (6) corro lo más rápido posible para tomar el metro y no llegar tarde a clase. A mi hermana le gusta patinar sobre hielo. En los inviernos, (7) patina casi todos los fines de semana en la pista de Rockefeller. Mi hermana (8) toma clases de patinaje desde hace tres años. Los fines de semana (9) trabajo en una tienda de videos. Cuando no hay mucha gente, les (10) escribo e-mails a mis mejores amigos. Mis padres (11) trabajan en Manhattan. Ellos (12) van al centro de la ciudad a diario. (13) Regresan a casa muy cansados, y juntos (14) preparamos la cena. ¿Cómo (15) pasas los días tú?

B. *Los párrafos van a variar.*

◆ Los verbos con cambios en la raíz

A. 1. empieza
2. sirve
3. prefiero
4. quieres
5. llueve
6. podemos
7. juegan
8. jugamos

B. 1. Piensas
2. despierta
3. entiendo
4. perdemos
5. se encuentra
6. Devolvemos
7. puedo
8. vuelven
9. pidieron
10. advierto
11. duermen
12. Sigo
13. sirven

◆ El imperfecto y el pretérito

A. vivía, íbamos, fuimos, nos reunimos, hizo, decidimos, hablábamos, Era, Llevaba, dimos, sacó, fue, vimos, decía

B. *Los párrafos van a variar.*

◆ GeoVisión

Antes de ver

A. *Las respuestas van a variar.*

Después de ver

B. 1. Palacio Nacional
2. Universidad Autónoma Nacional de México
3. Catedral Metropolitana

C. 1. d.
2. f.
3. b.
4. e.
5. c.
6. g.
7. a

◆ VideoCultura

Antes de ver

A. *Las respuestas van a variar.*

Después de ver

B. 1. a.
2. b.
3. b.
4. c.

C. Estudia mucho el español porque es un idioma muy importante.

Aprende este idioma para que conozcas una nueva cultura.

No te preocupes si no hablas con el acento perfecto.

Capítulo 2

◆ El subjuntivo

A. 1. lleguen
2. se divierta
3. tengamos
4. traigas
5. descanse

B. 1. vaya
2. esté
3. haya
4. demos
5. sepan
6. sea

C. *Las respuestas pueden variar.*

1. No estoy seguro(a) que Perú sea más grande que Brasil.
2. Dudo que los niños puedan ver contenido violento en la televisión sin efectos negativos.
3. No puedo creer que todos los estudiantes de la universidad tengan su propia computadora.
4. Dudo que muchos jóvenes pasen demasiado tiempo jugando a videojuegos.
5. Es imposible que haya seres vivos en la Luna.

◆ El imperfecto del subjuntivo

A. 1. enseñemos
2. pagara
3. dieran
4. suene
5. saliera
6. fuera
7. acompañaran
8. compremos

B. 1. fuera
2. saliera
3. compráramos
4. invitáramos
5. vinieran
6. tocaran
7. sirvieran
8. pusiéramos
9. saltáramos

◆ El condicional

A. 1. harías, quedaras

2. fuera, saldría

3. prestaría, pidiera

4. irían, tuvieran

5. vinieras, se enojaría

6. practicara, ganaría

7. tomara, estaría

8. pudieras, sería

B. *Las oraciones van a variar.*

◆ El futuro

A. 1. será

2. Tendré

3. asistiremos

4. podrán

5. realizarás

6. habrá

B. *Las respuestas van a variar, pero asegure que el estudiante ha usado el tiempo futuro en sus respuestas.*

◆ El participio pasado

A. 1. puesto, verbo

2. terminado, verbo

3. despertado; verbo

4. puesta, adjetivo

5. mojado, adjetivo

6. abierto, verbo

7. hechas, adjetivo

8. preparado, verbo

9. muerto, verbo

10. vestidos, adjetivo

◆ El presente perfecto del indicativo

A.		
1. he hecho	6. ha muerto
2. ha visto	7. ha leído
3. he echado	8. has comido
4. ha dicho	9. ha faltado
5. han hecho	10. han llegado

◆ El presente perfecto del subjuntivo

A. 1. hayan llegado

2. hayamos contribuido

3. hayan terminado

4. ha invitado

5. haya llevado

6. haya dicho

7. haya puesto

8. han arreglado

9. ha ocurrido

10. han venido

◆ Los gerundios y el presente progresivo

A. 1. ¿Qué estás haciendo ahora mismo?

2. El bebé se durmió llorando.

3. Me haces un favor yendo a la tienda.

4. Nos gusta escuchar la radio.

5. Salió del cuarto riéndose.

6. Correr todos los días es difícil.

7. Descanso mañana.

8. Este verano viajamos por Latinoamérica.

9. Tomar el autobús es más fácil que manejar.

10. La forma más rápida de prepararlo es en el horno de microondas.

◆ GeoVisión

Antes de ver

A. a. calles estrechas; c. construcciones de piedra; e. casas coloniales

Después de ver

B.		
1. F.	6. C.
2. F.	7. C.
3. C.	8. F.
4. F.	9. C.
5. C.	

C. *Los párrafos van a variar.*

◆ VideoCultura

Antes de ver

A. *Las oraciones van a variar.*

Después de ver

B. 1. a.

2. b.

3. a.

4. c.

5. b.

6. b.

7. a.

8. c.

9. c.

C. ayudar a las personas

D. *Las respuestas van a variar.*

Capítulo 3

Antes de leer

En tu opinión. *Las respuestas van a variar*

◆ Vocabulario

Anglicismos. *Las respuestas van a variar.*

◆ Comprensión

A. La mamá se levanta y al pasar frente al espejo del pasillo se compone el pelo sin que nadie la vea. El papá se pone la bata y sale a recoger el periódico. El hermanito salta de la cama para ir a la cocina. El tío prende sus cinco computadoras. La narradora le suplica al Universo que le dé una videocámara digital con trípode.

B. Quiere ser directora de películas.

C. Es el cumpleaños de la narradora.

D. Va a cumplir dieciséis años.

E. Una videocámara digital.

F. Una pieza de joyería.

G. Su amigo, Gilberto (Beto).

H. Dolores. Loli. No.

I. Porque todavía está enojada que no recibió la videocámara.

J. Del regalo y de la reacción de Dolores al regalo.

K. No.

L. Del papá de la mamá de Dolores, el abuelo de Dolores.

M. Diego. Dieguito o Diggie.

N. Cómo conseguir el dinero para comprar la videocámara.

◆ ¿Qué piensas tú?

1. Las respuestas van a variar.

2. Por algo que le pasó a su padre. A su padre.

3. Las respuestas van a variar.

◆ Ortografía

A. 1. ma • ne • ra

2. ma • ra • vi • lla

3. ac • ción

4. en • fer • mo

5. an • te • o • jos

6. blan • qui • llo

7. to • rre

8. fo • to • gra • fí • a

9. o • cho • cien • tos

10. pro • ble • ma

11. es • truc • tu • ra

12. re • a • li • dad

13. al • mo • ha • da

14. cual • quie • ra

15. ex • pe • rien • cia

◆ Gramática
El imperfecto del subjuntivo

A. 1. Íbamos a salir después de que todos entregaran sus exámenes finales.

2. Fue ridículo que justo cuando estábamos por salir, Nuria dijera que no quería ir.

3. Mi mamá se preocupaba de que saliéramos de noche.

4. No creí que la gasolina alcanzara para llegar a Monterrey.

5. El accidente en la carretera impidió que llegáramos antes del anochecer.

6. Iba a llamar a mis papás cuando encontráramos el hotel.

7. Íbamos/Fuimos a comer algo, antes de que se cerraran los restaurantes.

B. 1. vieras

2. pudieras

3. tuvieras

4. eligieran

5. fuera

6. hubiera

7. sacaras

C. *Los párrafos van a variar.*

◆ La vida profesional

Los negocios familiares. *Los negocios van a variar.*

◆ Vamos a escribir

A. 1-8. *Las preguntas y respuestas van a variar.*

B. *Los párrafos van a variar.*

◆ GeoVisión
Antes de ver

A. *Las respuestas van a variar.*

Después de ver

B. 1. e.

2. a.

3. d.

4. f.

5. c.

6. b.

C. 1. F.

2. C.

3. C.

4. F.

5. C.

6. C.

7. F.

D. *Los párrafos van a variar.*

◆ VideoCultura
Antes de ver

A. *Las respuestas van a variar.*

Después de ver

B. *Las respuestas van a variar.*

C. 1. En el barrio de Gabriel hay casas grandes./En el barrio de María Luisa hay muchos apartamentos.

2. Los centros comerciales grandes son más comunes en Santo Domingo.

3. Pablo vive en un pueblo pequeño cerca de Madrid.

4. En Santo Domingo, se va a las plazas a ver tiendas, a comer y a compartir con los amigos./Se va a los clubes a jugar básquetbol.

5. Las personas en Coyoacán se reúnen en el centro, afuera de la iglesia./En Móstoles se reúnen en los centros recreativos.

6. En el barrio de María Luisa hay muchos centros comerciales/centros de videojuegos/supermercados.

D. *Las oraciones van a variar.*

Capítulo 4

Antes de leer

Mi reacción. *Los comentarios van a variar.*

◆ Vocabulario

Cognados falsos. *Las oraciones van a variar.*

◆ Comprensión

A. El tío de Dolores. Porque dice que su sobrina es Dolores.

B. Le salvó la vida.

C. No.

D. El don del fotógrafo.

E. Matemático.

F. La fotografía.

G. La pasión por la fotografía. Que lo mató la política.

H. Vino un policía a la casa a avisarle a su madre.

I. No. Sergio sí lo perdonó, pero Graciela nunca lo ha perdonado.

J. El espacio físico y espiritual para curarse.

K. Que la ayude vender el anillo.

L. Que no lo venda. Porque es un regalo y se debe apreciar, no vender.

M. Para conseguir el dinero para comprar la videocámara.

N. En un accidente. Lo abrazó con una ternura sincera y completa.

O. Sí.

◆ ¿Qué piensas tú?

1-3. *Las respuestas van a variar.*

◆ Ortografía

A. 1. a • ni • ma • les; -ma; penúltima

2. a • troz; -troz, última

3. a • va •ro; -va; penúltima

4. ca • tás • tro • fe; -tás; antepenúltima

5. co • men • zó; -zó; última

6. con • struc • ción; -ción; última

7. fan • tás • ti • co; -tas; antepenúltima

8. in • dí • ge • na; -dí; antepenúltima

9. per • dién • do • se; -dién; antepenúltima

10. tem • pes • tad; -tad; última

◆ Gramática

El condicional

A. 1. Si le ayudara su tío, vendería el anillo.

2. Si vendiera el anillo, compraría la videocámara.

3. Si comprara la videocámara, participaría en el concurso del Web.

4. Si participara en el concurso, lo ganaría.

5. Si se diera cuenta su madre, se enojaría con los dos.

6. Si les dijera la verdad a sus padres, le comprarían la videocámara.

B. *Las respuestas pueden variar.*

1. Si dejaras el equipo de béisbol, tendrías tiempo para tomar unas clases de guitarra.

2. Si tu hermano te prestara su carro, podrías buscar trabajo.

3. Tal vez sería posible ir a visitarlos este verano si ahorraras dinero.

4. Podrías conocer a muchas personas si entraras al equipo de baloncesto.

5. Te sentirías menos cansado y estarías más preparado si no salieras tanto los fines de semana.

6. Si vinieras en bicicleta llegarías a tiempo.

7. Si se lo preguntáramos a su mejor amiga, tal vez ella nos diría si le gustas a Isabel o no.

8. Si te acostaras más temprano, tendrías más energía por las mañanas.

9. Si consiguieras trabajo ahora, podrías pagar la matrícula.

◆ La vida profesional

El bilingüismo en los Estados Unidos. *Las profesiones/los campos van a variar.*

◆ Vamos a escribir

A. *Las preguntas y respuestas van a variar.*

B. *Los párrafos van a variar.*

◆ GeoVisión

Antes de ver

A. 1. c.

Después de ver

B. *Las conversaciones van a variar.*

C. a. 3

  b. 1

  c. 4

  d. 2

  e. 5

D. 1. La Pequeña Habana

  2. Calle Ocho

  3. Los Jardines Vizcaya

  4. Art Deco

  5. Key Biscayne

  6. Jai alai

E. *Los párrafos van a variar.*

◆ VideoCultura

Antes de ver

A. 1. d.

  2. a.

  3. c.

  4. b.

Después de ver

B. el fútbol americano, el baloncesto, el béisbol, el fútbol, el atletismo

C. fútbol, atletismo, competencia, equipos, partido, ganamos

D. *Las respuestas van a variar.*

Capítulo 5

Antes de leer

Comparación y contraste. *Las respuestas van a variar.*

◆ Vocabulario

Trabalenguas.

El rey de Parangaricutirimícuaro

Se quiere desenparangaricutirimicuarizar.

El que lo desenparangaricutirimicuarice

Gran desenparangaricutirimicuarizador será.

◆ Comprensión

A. Diggie. Por el vocabulario juvenil; porque está jugando con un walkie-talkie; porque su amigo lo llama por nombre,

B. En el cuarto de Dolores.

C. Cindy y Dolores. Porque le dice su amigo por el walkie-talkie.

D. Oye el triquitraque de los tacones altos de Cindy.

E. Dolores y Cindy. No.

F. Cómo consiguió la cámara Dolores.

G. Vendió el anillo.

H. Diggie cree que es información valiosa. Cindy cree que Dolores está loca y que su madre la va a matar.

I. Oyen el amigo de Diggie llamarlo por el walkie-talkie.

J. Lo saca de debajo de la cama con un pellizco.

K. No contesta sus preguntas. Un soldado.

L. La mamá de Dolores y Diggie. A Diggie. Por patinar dentro de la casa.

M. La caja con la cámara.

N. Patinó hacia su madre para distraerla.

O. Que tiene que enseñarle el anillo a su madrina, quien viene más tarde a verlo.

◆ ¿Qué piensas tú?

1-3. *Las respuestas van a variar.*

◆ Ortografía

A. 1. ca • rác • ter; no termina en **n** o **s**

2. ton • te • rí • a; termina en **ía**

3. son • rien • te

4. mu • je • res

5. te • les • co • pio

6. án • gel; no termina en **n** o **s**

7. de • cí • a; termina en **ia**

8. ú • til; no termina en **n** o **s**

9. frá • gil; ; no termina en **n** o **s**

10. i • lu • sio • nes

◆ Gramática
El futuro

A. 1. iremos

2. probaré

3. haré

4. vendrán

5. Habrá

6. estáran

7. serán

8. Querrá

B. *Los párrafos van a variar.*

◆ La vida profesional

Los medios de comunicación. *Los medios de comunicación van a variar.*

◆ Vamos a escribir

Los párrafos van a variar.

◆ GeoVisión
Antes de ver

A. *Las respuestas van a variar.*

Después de ver

B. parques, monumentos, biblioteca, plazas, universidad, hotel, museos, mercados, teatros, catedral

C. 1. d.

2. g.

3. e.

4. f.

5. a.

6. b.

7. c.

D. *Los párrafos van a variar.*

◆ VideoCultura
Antes de ver

A. *Las respuestas van a variar.*

Después de ver

B. 1. c.

2. d.

3. a.

4. b.

5. d.

6. c.

7. c.

C. *Las oraciones van a variar.*

Capítulo 6

Antes de leer
¿Qué deduces?

1. b.

2. b.

3. a.

◆ Vocabulario

El vocabulario especializado.

1. d.

2. c.

3. f.

4. e.

5. a.

6. b.

◆ Comprensión

A. Dolores.

B. De la venta del anillo. No.

C. Piensa que es el modelo perfecto de la mujer realizada.

D. Que le diga a su madre que vendió el anillo.

E. Que pueden dañar a alguien.

F. A las canchas de tenis del colegio para filmar los finales del torneo.

G. Su primera película.

H. De los jóvenes deportistas. "Nacionalidad: Deportista". De la tele, en el canal de ESPN.

I. Que iba a estudiar en casa de Cindy.

J. Javier, el capitán del equipo de tenis.

K. Beto.

L. Que la pelota que Javier dijo que estaba fuera había caído perfectamente dentro de la línea.

M. Puede destruir la cinta, o puede hacer algo con la cinta.

N. Que destruya la cinta. No.

O. A su madrina. «Ocultar la verdad es igual que mentir. Y las mentiras hacen daño».

◆ ¿Qué piensas tú?

1-3. *Las respuestas van a variar.*

◆ Ortografía

1. pi • rá • mi • de; esdrújula
2. sem • bra • mos; llana
3. pan • ta • lón; aguda
4. re • pá • re • me • lo; sobresdrújula
5. pá • ni • co; esdrújula
6. ta • pial; aguda
7. cá • ma • ra; esdrújula
8. se • ve •ro; llana
9. cu • rio • si • dad; aguda
10. cés • ped; llana
11. trans • por • tán • do • nos • lo; sobresdrújula
12. a • de • más; aguda
13. pe • lí • cu • la; esdrújula
14. pí • da • se • los; sobresdrújula
15. dur • mió; aguda

◆ Gramática
El presente perfecto del indicativo

A. 1. he visto
    2. ha crecido
    3. han empezado
    4. has visitado
    5. hemos descubierto
    6. he cambiado

B. *Las respuestas van a variar.*

◆ La vida profesional

Los entrenadores. *Las respuestas van a variar.*

◆ Vamos a escribir

A. *Los cuestionarios van a variar.*

B. *Los párrafos van a variar.*

◆ GeoVisión
Antes de ver

A. *Las oraciones van a variar.*

Después de ver

B. 1. la Iglesia de Veracruz
    2. el Alcázar (X)
    3. la Catedral

C. 1. F.
    2. C.
    3. C.
    4. C.
    5. F.

D. *Los párrafos van a variar.*

◆ VideoCultura
Antes de ver

A. *Las respuestas van a variar.*

Después de ver

B. salir al cine; dormir en casa de familiares; saltar a la comba; montar en bicicleta; jugar fútbol

C. 1. a.

2. d.

3. d.

4. c.

5. b.

6. a.

7. c.

D. *Las respuestas van a variar.*

Capítulo 7

Antes de leer

La palabra prinicpal. 1-3. *Las respuestas van a variar.*

◆ Vocabulario

Palabras de emoción. *Las palabras y sus sinónimos van a variar.*

◆ Comprensión

A. Beto.

B. De Javier y cómo ganó el partido. Beto piensa que Javier es inocente; que verdaderamente vio la pelota caer fuera de la línea. Dolores cree que Javier ganó por medios fraudulentos.

C. En el patio de recreo de su escuela primaria.

D. Del primer día de escuela cuando conoció a Dolores por primera vez.

E. Sí.

F. Se enamoró de Dolores.

G. Que no debe hacer nada con el video de Javier. Porque cree que el público de Javier la va a castigar a ella.

H. Enseñarle el video a Javier. Si Javier no hace nada, enseñárselo al entrenador.

I. Destrozada. Como siempre, una chica alegre que no quería nada más que pasar unos momentos con su tío predilecto.

J. Obstinada, persistente y cabezuda.

K. A Dolores y Javier. Estaban discutiendo.

L. Se enoja. Trata de destruir la videocinta.

M. Trata de defender a Dolores. Que no necesita que él la defienda.

N. Descontento.

◆ ¿Qué piensas tú?

1-3. *Las respuestas van a variar.*

◆ Ortografía

A. 1. <u>cuidado</u>/ciudado

2. <u>béisbol</u>/biesbol

3. peil/<u>piel</u>

4. <u>guerra</u>/geurra

5. despeus/<u>después</u>

6. aere/<u>aire</u>

7. <u>antiguo</u>/antigou

8. <u>traiga</u>/triaga

B. 1. averiguar, causa

2. ruido, abuelo

3. ciudades, pueblos

4. viuda, nueva

5. luego, izquierda, Seis

6. siete, cuarto

7. reina, nueve, noviembre

8. nieve, guantes

9. suizo

10. Cuando, Ecuador, puedes

◆ Gramática
El presente perfecto del subjuntivo

A. 1. haya comunicado

2. haya escrito

3. hayan cubierto

4. haya obtenido

5. haya perdido

6. hayas resuelto

7. hayan escrito

8. haya vuelto

B. *Las cartas van a variar.*

◆ La vida profesional

La publicidad. *Los productos van a variar.*

◆ Vamos a escribir

A. *Los atributos van a variar.*

B. *Los anuncios van a variar.*

◆ GeoVisión
Antes de ver

A. *Las listas van a variar.*

Después de ver

B. *Las oraciones van a variar.*

    1. El Morro

    2. el capitolio

    3. Plaza del Quinto Centenario

C. **1.** F.

    2. C.

    3. C.

    4. F.

    5. C.

    6. F.

D. *Los párrafos van a variar.*

◆ VideoCultura
Antes de ver

A. *Las respuestas van a variar.*

Después de ver

B. **1.** a.

    2. b.

    3. c.

    4. b.

    5. a.

    6. b.

    7. c.

    8. c.

    9. a.

C. *Los párrafos van a variar.*

Capítulo 8

Antes de leer
En orden.

    1. <u>5.</u> Javier le explica su situación a Cindy.

    2. <u>2.</u> Javier llama a Cindy para hacer una cita.

    3. <u>8.</u> Dolores y Cindy se pelean.

    4. <u>6.</u> Javier le pide un favor a Cindy.

    5. <u>1.</u> Cindy se enamora de Javier Pérez Portas.

    6. <u>3.</u> Cindy se encuentra con Javier en el centro comercial.

    7. <u>7.</u> Cindy va a la casa de Dolores para hablar con ella.

    8. <u>4.</u> Javier parece estar deprimido.

◆ Vocabulario
Palabras compuestas

    1. rompecorazones: heartbreaker

    2. rompecabezas: puzzle

    3. hazmerreír: laughingstock

    4. santiamén: in the blink of an eye

Las explicaciones pueden variar.

◆ Comprensión

A. Cindy.

B. Javier Portas Pérez, el capitán del equipo de tenis

C. Javier. Quiere hablar con ella.

D. En el centro comercial cerca de su casa.

E. Está deprimido.

F. Quiere saber si Cindy y Dolores han hablado de él recientemente.

G. Hizo algo estúpido.

H. No.

I. Que convenza a Dolores que no le dé el video a su entrenador.

J. No.

K. Al baile del sábado. No.

L. A la casa de Dolores.

M. Dice que tomó una mala decisión en un momento de nervios.

N. Dice que es problema de Javier, no suyo.

O. La venta del anillo.

P. Sí. Porque se dicen palabras fuertes.

◆ ¿Qué piensas tú?

1-3. *Las respuestas van a variar.*

◆ Ortografía

A. 1. puer • ta; ue, diptongo

2. ata • úd; aú, hiato

3. a • gua; au, diptongo

4. ba • úl; aú, hiato

5. ca • len • da • rio; io, diptongo

6. cau • sa; au, diptongo

7. cua • der • no; ua, diptongo

8. Ma • rí • a; ía, hiato

9. pei • ne; ei, diptongo

10. fe • ria; ia, diptongo

B. 1. leal

2. poema

3. leones

4. Real, campeonatos

5. Ahorita, aeropuerto

6. maestro, tarea

7. creer, bromeando

8. coordinar

9. traen, almohadas

10. peor

◆ Gramática
Los mandatos informales

A. 1. Toma apuntes. No tomes apuntes.

2. No llegues tarde. Llega tarde.

3. Haz preguntas. No hagas preguntas.

4. No escribas a tus amigos. Escribe a tus amigos.

5. Sé un buen estudiante. No seas un buen estudiante.

B. *Las respuestas pueden variar.*

Sí

1. Toca el piano.

2. Cierra las ventanas

3. Come todos los pasteles.

4. Ve al parque con los amigos.

5. Ponte tu camiseta nueva.

6. Dale de comer al perro.

7. Duerme en el sofá.

8. Juega al fútbol.

No.

1. No toques el piano.

2. No cierres las ventanas.

3. No comas todos los pasteles.

4. No vayas al parque con los amigos.

5. No te pongas tu camiseta nueva.

6. No le dés de comer al perro.

7. No duermas en el sofá.

8. No juegues al fútbol.

◆ La vida profesional

La experiencia culinaria. *Las listas de comidas van a variar.*

◆ Vamos a escribir

A. *Los cuestionarios van a variar.*

B. *Los párrafos van a variar.*

◆ GeoVisión
Antes de ver

A. *Las respuestas van a variar.*

Después de ver

B. El tacón de un zapato.

C. 1. a.

2. b.

3. c.

4. c.

5. a.

◆ VideoCultura
Antes de ver

A. *Las respuestas van a variar.*

Después de ver

B. una falda; elegante; de moda; más bonito que lo normal; taco

C. 1. a.

2. b.

3. c.

D. *Las oraciones van a variar.*

Capítulo 9

Antes de leer

Escenas del pasado.

1. Cuando Dolores era bebita, y su mamá le estaba cambiando el pañal.

2. Cuando Dolores llegó a casa con los ojos rojos y la cara destruida porque había recibido una C en su mapa de los Estados Unidos.

3. Cuando Dolores le anunció a su mamá que no quería quinceañera.

4. Cuando Graciela tenía 15 años y su papá le hizo una pregunta antes de que se fuera a la oficina.

◆ Vocabulario

Los diminutivos

1. Dieguito, que es pequeño

2. una mujercita, que no es todavía mujer

3. muchachita, diminutivo cariñoso

4. Las respuestas van a variar.

◆ Comprensión

A. Graciela, la mamá de Dolores.

B. Dolores.

C. Siempre ha tenido sus propias ideas. Siempre analizaba todo lo que hacía su madre.

D. Porque le habían dado una mala nota en su mapa de los Estados Unidos.

E. La fiesta de la quinceañera.

F. Se siente muy mal. Porque piensa que es una tradición bellísima y quería dársela a su hija.

G. Que Dolores tiene razón, que la quinceañera era una fantasía de la señora Montemayor, no de Dolores.

H. Los dos quieren documentar el mundo que los rodea sin temer las consecuencias.

I. De la muerte de su papá. Porque no le prestó atención a su padre ese día que le hizo una pregunta muy importante.

J. Estar con su novio en el jardín.

K. No.

L. No.

M. Sí.

N. A Cindy.

O. De la venta del anillo. No.

P. Dolores se delata, y la señora Montemayor se da cuenta que algo ha pasado con el anillo.

◆ ¿Qué piensas tú?

1-3. *Las respuestas van a variar.*

◆ Ortografía

A. 1. apacigüe

2. pegué

3. atestigüe

4. agüe

5. pagué

6. guié

7. amortigüe

8. madrugué

B. 1. vergüenza

2. cigüeña

3. agüero

4. pingüino

5. güeras

◆ Gramática
Los mandatos formales

A.	
1. toquen	5. griten
2. Pórtense	6. Siéntanse
3. corran	7. espérenme
4. Denle	8. se pierdan

B. 1. No, no les den de comer a los animales.

2. Sí, siéntense debajo de esos árboles.

3. Sí, vaya por ese sendero para ver a los monos.

4. No, no juegue con la serpiente.

◆ La vida profesional

Los recursos naturales. *Los animales y plantas van a variar.*

◆ Vamos a escribir

Las cartas van a variar.

◆ GeoVisión

Antes de ver

A. 2, 3, 5

Después de ver

B. *Las correcciones van a variar.*

C. 1. d.

2. a.

3. h.

4. f.

5. b.

6. g.

7. e.

8. c.

D. *Los párrafos van a variar.*

◆ VideoCultura

Antes de ver

A. *Las oraciones van a variar.*

Después de ver

B. 1. a.   **7.** c.

2. c.   **8.** b.

3. b.   **9.** c.

4. b.   **10.** b.

5. a   **11.** a.

6. a.

C. *Las comparaciones van a variar.*

Capítulo 10

Antes de leer

Definiciones

1. El ambiente

2. la caracterización

3. El clímax

4. el conflicto

5. El diálogo

6. el desenlace

7. El punto de vista

8. el tema

◆ Vocabulario

Ejemplos

1-8. *Las respuestas van a variar.*

◆ Comprensión

A. Dolores

B. Interrogó a Dolores. Estaba muy enojada con Dolores.

C. Tío Sergio y la madrina de Dolores

D. Guardó el anillo en vez de venderlo.

E. Sí.

F. Sacar buenas notas, y trabajar en la tienda de videos dos horas diarias durante la semana y cuatro horas diarias los sábados y domingos.

G. Chocolates

H. Le quitó los patines, el walkie-talkie y la televisión por seis meses.

I. Sí. Un año.

J. Beto tuvo que ser el asistente de Dolores en su filmación.

K. Javier jugó el partido de nuevo. Nunco jugó tenis otra vez.

L. Hizo una película.

M. Dolores no pudo competir en el concurso del Web y tuvo que trabajar en un hogar de ancianos. A Diggie le quitó sus como-didades modernas por tres meses. Cindy perdóno a Dolores después de varios meses de silencio. Empezó a haber una distancia entre Dolores y Beto, y Beto empezó a salir con otra muchacha. Javier perdió el campeonato.

N. 32.

O. Diggie está en Austin, Texas y trabaja para el primer gobernador hispano de Texas. Cindy vive en Nueva York y diseña zapatos de tacones. Javier es profesional de tenis. No sabemos donde está Beto ni qué hace.

P. Dolores es directora de películas.

Q. El anillo.

◆ ¿Qué piensas tú?

1-3. *Las respuestas van a variar.*

◆ Ortografía

A. 1. perder   6. sentirte

2. pensar   7. llover

3. volver   8. seguir

4. almorzar   9. acordarse

5. dormir   10. despertarse

◆ Gramática
Los mandatos de "nosotros"

A. 1. No, no vayamos al parque. Quedémonos en casa.

2. No, no comamos en un restaurante. Hagamos un picnic.

3. No, no veamos una película. Vamos a un concierto.

4. No, no estudiemos para el examen de francés. Escribamos el ensayo para la clase de inglés.

B. 1. ¡No la miremos!

2. ¡Lavémonoslos!

3. ¡Hagámosla!

4. ¡Démosle de comer!

5. ¡No nos peleemos!

◆ La vida profesional

El turismo. *Los negocios van a variar.*

◆ Vamos a escribir

Los párrafos van a variar.

◆ GeoVisión
Antes de ver

A. *Las oraciones van a variar.*

1. una avenida

2. un cementerio

3. un barrio

4. un teatro

Después de ver

B. 1. 9 de Julio

2. La Recoleta

3. La Boca

4. Colón

C. 1. b.

2. e.

3. d.

4. a.

5. c.

D. *Los párrafos van a variar.*

◆ VideoCultura
Antes de ver

A. *Las respuestas van a variar.*

Después de ver

B. **Eugenia:** teatro, cine, bailar, esquiar

Guillermo: museo, playa, comer, salir por la noche

Ricardo: cine, comer, bailar

C. 1. El Paso

2. España

3. España

4. Argentina

5. España

6. Argentina

7. El Paso

8. Argentina

D. *Los párrafos van a variar.*